KB068585

어머니께 드립니다.

저자소개

유동욱 •
경복고등학교 졸업
연세대학교 행정학과 졸업
제52회 행정고시
한국개발연구원 국제정책대학원 공공정책학 석사
미국 조지타운대학교 공공관리학 석사
보건복지부 근무

미국
건강보험 역사와
헌법

초판 1쇄 발행   2024. 7. 19.
　2쇄 발행   2024. 9. 6.

지은이　유동욱
펴낸이　김병호
펴낸곳　주식회사 바른북스

편집진행　황금주
디자인　한채린

등록　2019년 4월 3일 제2019-000040호
주소　서울시 성동구 연무장5길 9-16, 301호 (성수동2가, 블루스톤타워)
대표전화　070-7857-9719 | **경영지원**　02-3409-9719 | **팩스**　070-7610-9820

•바른북스는 여러분의 다양한 아이디어와 원고 투고를 설레는 마음으로 기다리고 있습니다.

이메일　barunbooks21@naver.com | **원고투고**　barunbooks21@naver.com
홈페이지　www.barunbooks.com | **공식 블로그**　blog.naver.com/barunbooks7
공식 포스트　post.naver.com/barunbooks7 | **페이스북**　facebook.com/barunbooks7

ⓒ 유동욱, 2024
ISBN 979-11-7263-064-5 03360

•파본이나 잘못된 책은 구입하신 곳에서 교환해드립니다.
•이 책은 저작권법에 따라 보호를 받는 저작물이므로 무단전재 및 복제를 금지하며,
이 책 내용의 전부 및 일부를 이용하려면 반드시 저작권자와 도서출판 바른북스의 서면동의를 받아야 합니다.

미국
건강보험 역사와
헌법

유동욱 지음

바른북스

머리말

미국은 의료 분야의 혁신을 선도하는 나라입니다. 제약과 의료기기 산업의 독보적 1위로, 2위부터 5위 국가를 합친 것보다 시장 규모가 큽니다. 혁신 신약의 90%가 미국에서 출시되고, 코로나19 백신과 치료제 역시 상당수 미국에서 개발되었습니다. 높은 수준의 병원과 군 의료체계 또한 갖추고 있습니다.

그런 미국에서, 왜 인구의 10% 이상이 건강보험이 없는 걸까요? 이 책은 미국 역사를 통해 그 이유를 밝히고자 합니다.

결론부터 말하면, '미국은 애초부터 전 국민 건강보험 도입이 어렵게 설계된 나라이다'가 그 이유입니다. 무엇이 미국을 이렇게 설계하였을까요? 바로, 미국 헌법입니다.

미국 역사는 길지 않지만, 미국 헌법은 가장 오래된 헌법 중 하나입니다. 유럽국가들이 제1차, 제2차 세계대전을 거치며 헌법을 크게 바꾼 것과 대조적으로, 1787년 당시 13개 주州 대표 간 타협을 통해 탄생한 미국 헌법의 내용에는 큰 변화가 없습니다. 즉, 연방 창설이 불가피함을 인정하면서도 주와 개인의 독자성을 중시하는 18세기 헌법 제정자들이 시각이, 200여 년이 지난 현재에도 헌법에 그대로 남아 있습니다. 미국 헌법을 관통하는 연방과 주, 개인에 대한 관념, 이에 따라 헌법이 정해놓은 입법구조는 전 국민 건강보험 도입을 쉽게 허락하지 않았습니다.

전 국민 건강보험 도입은 오랜 과제였습니다. 1930년대 루스벨트부터 1970년대 닉슨, 1990년대 클린턴 행정부까지, 전 국민 건강보험 도입을 위한 입법 노력이 계속되었습니다. 그러나 헌법의 우산 아래서 누구도 성공하지 못했습니다. 오히려 각자 선호하는 제도들이 단편적으로 도입되면서 건강보험제도가 분절화되고 복잡해졌습니다.

그 결과 직업과 연령, 그리고 거주하는 주에 따라 이용하는 건강보험제도가 달라졌습니다. 직장인은 고용주가 민간 보험사와 계약한 건강보험Employer-Sponsored health Insurance을, 은퇴자는 메디케어Medicare를, 소득이 낮은 사람은 메디케이드Medicaid를 이용합니다. 저소득 가정 아이들을 위한 건강보험Children's health insurance과 연방 행정부 ·

의회 공무원들을 대상으로 하는 연방 근로자 건강보험Federal Employee Health Benefit Program이 별도로 운영됩니다.

이렇게 분절화된 건강보험제도 사이에서 사각지대에 놓인 사람들이 생겨났습니다. 2009년 그 수는 미국 인구의 약 15%인 5천만 명에 이르렀습니다. 2010년 환자 보호 및 건강보험 적정부담법Patient Protection and Affordable Health Care Act 제정으로 해결되는 듯했지만, 여전히 2천만 명은 지금도 건강보험이 없습니다.

이 책은 미국 헌법의 틀 안에서 어떻게 지금의 분절적이고 복잡한 건강보험제도가 형성되어 왔는지 되짚어 봅니다. 미국 의료와 역사에 관심 있는 분들에게 이 책이 부족하나마 도움이 되기를 기대합니다.

유동욱

| 목차 |

제2장

미국 건강보험제도의
분절성과 그 기원

제3장

헌법이
건강보험제도에 미친 영향

제4장

헌법과 전 국민 건강보험
입법의 역사

제5장

클린턴 행정부의 전 국민 건강보험
입법 실패와 헌법

제6장

환자 보호 및 건강보험 적정부담법ACA
입법과정을 제약한 헌법

제7장

환자 보호 및 건강보험 적정부담법ACA
제정 목적과 주요 내용

제8장

환자 보호 및 건강보험 적정부담법ACA
위헌 논쟁과 폐지 입법

| 표 목차 |

제6장 환자 보호 및 건강보험 적정부담법ACA 입법과정을 제약한 헌법 · 185

제7장 환자 보호 및 건강보험 적정부담법ACA 제정 목적과 주요 내용 · 229

제8장 환자 보호 및 건강보험 적정부담법ACA
위헌 논쟁과 폐지 입법 · 267

History of
U.S. health insurance
and
the Constitution

제1장

미국 헌법이 낳은 건강보험제도

1 분절과 혁신이
      공존하는 미국 의료

(1) 미국의 높은 의료비 지출과 혁신

"미국에서 매년 4만 5천 명이 건강보험이 충분치 않아 사망한다

Harvard medical study links lack of insurance to 45,000 U.S. deaths a year"

"미국인 10명 중 6명이 건강보험이 부실해 어려움을 겪는다

Nearly 6 in 10 Americans report problems with their health coverage"

미국 건강보험제도의 단면을 보여주는 2009년 9월 17일 〈뉴욕 타임스〉, 2023년 6월 15일 〈워싱턴 포스트〉 기사 제목이다. 실제, 미

국에서는 많은 사람이 건강보험에 가입되어 있지 않다. '환자 보호 및 건강보험 적정부담법Patient Protection and Affordable Care Act, ACA 이하 건강보험 적정부담법'시행 1년 전인 2009년 기준, 미국 인구의 15%인 약 4천 7백만 명은 건강보험이 없었다. 법이 시행된 지 10여 년이 지난 2022년에도 약 2천 6백만 명은 여전히 건강보험이 없다. 미국 전체 인구의 8%에 달하는 규모다.

또한, 미국 경제에서 의료비는 개인과 국가에 큰 경제적 부담이다. 하버드대학교 연구에 따르면 개인 파산의 절반 이상이 의료비에서 비롯되었다. 2015년 카이저 재단Kaiser Family Foundation 조사에서 약 5천 2백만 명이 의료비를 감당하는 데 어려움을 겪는 것으로 나타났으며, 2019년 갤럽GALLUP 조사 응답자의 45%가 질병이 발생했을 경우 파산에 대한 두려움이 있다고 답하였다. 국가 전체로도 의료비 지출 규모가 크다. 2022년 기준 미국 의료비 지출National Health Expenditure은 미국 국내총생산GDP의 17.3%에 달하는데, 4조 5천억 달러를 넘어 독일 전체 경제 규모와 유사하다. 독일 경제 전체가 미국 의료비 지출을 겨우 감당할 수 있는 것이다. 일본11%, 영국12.2%, 독일12.7%과 비교하더라도 미국의 국내총생산 대비 의료비 지출 비율은 상당히 높다.

이와 대조적으로, 건강보험 공백 및 높은 의료비 지출 수준과 대비되는 혁신 또한 공존한다. 미국 싱크탱크 프리롭FREOPP의 2022년 국가 간 의료 혁신 비교 지수 중, 미국은 과학·기술 분야에서 1위를 차지하였다. 구체적으로 신약 개발과 의료기기에서 강점을 보였는데, 2017년에서 2021년 5년간 식품의약처FDA 승인 혁신신약first-in-class, 치료제가 없는 질병을 고치는 세계 최초 신약 개발의 90%가 미국에서 나왔다. 코로나19 백신과 치료제 역시 상당수 미국에서 개발되었다. 한국보건산업진흥원에 따르면, 2021년 미국 제약산업 시장 규모는 3,974억 달러로 2위 중국2,058억 달러, 3위 일본1,089억 달러을 합친 것보다 많다. 미국의 의료기기 시장은 2,010억 달러로, 독일, 중국, 프랑스 등 2위부터 5위 국가를 합친 것보다 그 규모가 크다. 또한, 〈뉴스위크Newsweek〉에서 발표한 2023년 우수 병원 상위 10개 중 절반을 메이요 클리닉Mayo Clinic, 클리블랜드 클리닉Cleveland Clinic 등 미국 의료기관이 차지했다.

공공영역의 군 의료도 발달되어 있다. 미국 본토에서 치료가 필요한 해외 전장의 부상자가 워싱턴 D.C.에 위치한 월터리드 군의료센터Walter Reed National Military Medical Center로 호송되는 기간은 5일 이하로 알려져 있다. 베트남전 당시 호송 기간은 40일 이상이었다. 일반 외과의와 간호사 등으로 구성된 전방외과팀FSTs, Foward Surgical Teams이 현장 이동식 천막에서 수술을 하고, 독일, 스페인의 2·3단계 병원을 거치거나 바로 본국으로 호송한다. 이와 함께 연방정부 퇴역군인 의료본부Veterans Health Administration는 퇴역군인 지원을 위해 150여 개 병원과 770여 개 외래 클리닉을 운영 중이다.

(2) 미국 건강보험제도의 분절성

의료 분야에서 가장 혁신적인 국가 중 하나임에도 불구하고, 미국에서 건강보험이 없는 사각지대 문제가 지속되고 높은 의료비 지출이 나타난 이유는 무엇인가? 건강보험제도의 분절성이 주요 원인 중 하나이다. 미국은 근로 여부, 소득, 나이, 직장 유형 등에 따라 이용하는 건강보험이 각기 다르다. 많은 근로자들은 직장에서 제공하는 '고용주 제공 민간 건강보험Employer-Sponsored health Insurance, ESI'을 이용한다. 연방 행정부 공무원, 의회 의원은 '연방 근로자 건강보험Federal Employee Health Benefit Program' 대상이다. 군 관계자는 '트라이케어Tricare' 이용자격이 있으며, 퇴역군인은 '퇴역군인 의료지원 본부Veterans Health Administration, VHA' 소속 의료기관을 이용한다. 한편, 65세 이상 노년층에게 적용되는 '메디케어Medicare', 저소득층 등을 위한 '메디케이드Medicaid', 저소득 가정 '어린이 건강보험Child Health Insurance Program, CHIP' 제도가 별도로 있다.

이러한 분절적 건강보험제도는 건강보험 사각지대를 야기하였다. 2009년 당시 건강보험이 없던 약 4천 7백만 명 중 상당수는 여러 건강보험 제도 가운데 무엇도 이용할 수 없는 '회색지대'에 있던 사람들이었다. 65세 미만이어서 메디케어 자격은 없고, 근무하는 직장이 영세하여 고용주 제공 민간 건강보험을 제공받지 못했으며, 일정 수준의 근로소득이 있어 메디케이드 수급 요건은 충족하지 못하는 근로 빈곤층이 회색지대의 상당 부분을 차지했다.

분절적 건강보험제도는 의료비 지출 증가로도 이어진다. 고용주 제공 민간 건강보험, 메디케어, 메디케이드 등은 재원과 운영 방식이 각기 다르다. 이 때문에 각 제도는 각기 다른 운영 조직과 보험청구 방식 등이 필요하고, 이로 인한 간접 비용이 증가한다. 고용주 제공 민간 건강보험은 보험사별로 소속된 의료기관 네트워크가 다르며, 이와 관련한 재원이 추가로 소요된다. 하버드대학교의 데이비드 커틀러David Cutler 교수가 2018년 미국 상원 청문회에 제출한 자료에 의하면, 미국 의료비 지출의 15%에서 30%가 행정비용으로 지출된다. 이는 캐나다의 5배, 일본의 13배 수준이다. 보수적인 추계 방식을 적용하더라도, 매년 지출되는 행정비용의 크기는 미국 전체에서 암 치료에 쓰이는 의료비 지출의 3배에 이른다.

다시 말하면, 미국 건강보험체계는 복수의 제도와 개별 보험상품들이 연계되지 않은 채로 제각기 운영되는 '분절성'을 가장 큰 특징으로 하며, 이로 인해 2천만 명이 넘는 사람들이 분절적인 제도 사이 사각지대에 남아 건강보험을 이용하지 못하고 있다. 분절적인 건강보험체계는 비용 측면에서도 국가와 개인 모두에게 부담이다.

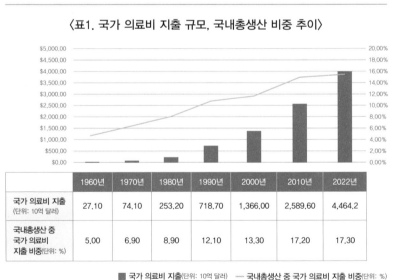

〈표1. 국가 의료비 지출 규모, 국내총생산 비중 추이〉

	1960년	1970년	1980년	1990년	2000년	2010년	2022년
국가 의료비 지출 (단위: 10억 달러)	27.10	74.10	253.20	718.70	1,366.00	2,589.60	4,464.2
국내총생산 중 국가 의료비 지출 비중(단위: %)	5.00	6.90	8.90	12.10	13.30	17.20	17.30

■ 국가 의료비 지출(단위: 10억 달러) ── 국내총생산 중 국가 의료비 지출 비중(단위: %)

※ 출처 : 메디케어─메디케이드 센터(Center for Medicare and Medicaid Services)

그러나 여러 한계에도 불구하고 미국이 이러한 형태의 건강보험 제도를 유지해 온 이유는 분명히 존재한다. 유럽과 동아시아와는 다른 역사적 경로를 거쳐 형성된 미국의 건국 이념과 이들이 중요시하는 가치는 건강보험제도에 영향을 주었다. 이것을 미국 헌법에 대한 고찰을 통해 확인할 수 있으며, 다음에서는 보다 구체적으로 미국 헌법에 내재된 '제한된 연방정부' 관념이 어떻게 건강보험제도의 모습을 형성하였는지 살펴본다.

2 분절적 건강보험제도를 개선하기 어려운 이유

(1) 전 국민 건강보험의 3가지 유형

미국 내에서도 분절적 건강보험제도에 대한 문제 제기는 계속 이루어져 왔고, 이를 해결하기 위해 복잡한 건강보험제도를 단순화하는 방법들이 논의되었다.

먼저 전 국민이 이용하는 단일 건강보험제도를 만드는 방식이다. 이를 '단일보험자 모델Single-payer model'이라고 하는데, 기존 메디케어, 메디케이드, 트라이케어, 고용주 제공 민간 건강보험ESI 이용자가 모두 공통의 건강보험을 이용하게 된다. 다음으로, 공보험Public option을 도입하는 방식이다. 연방정부가 저렴하고 보장범위가 넓은 공보험을 시장에 내놓고, 민간 건강보험상품과 경쟁하는 형태이다. 현재 민간 건강보험을 구매하기 어려운 사람들, 즉, 기저질환으로 건강보험 가입이 거절되거나, 보험료를 감당할 경제적 여력이 없는 사람들이 공보험을 통해 건강보험을 이용할 수 있다. 마지막으로, 건강보험 구매를 의무화하는 방식이다. 기존 건강보험체계는 그대로 두되, 건강보험을 반드시 구매하도록 하여 모든 사람이 건강보험을 이용하는 것이다. 대신 소득이 낮아 건강보험을 구매하기 어려운 사람에게는 보조금을 지원한다.

반세기 넘는 시간 동안 위와 같은 방식으로 분절적 건강보험제도를 개혁하려는 노력이 계속되었다. 1930년대 루스벨트 행정부, 1960년대 린든 존슨 행정부, 1970년대 닉슨 행정부와 카터 행정부, 1990년대 클린턴 행정부 등이 전 국민 건강보험 입법을 추진했다. 에드워드 케네디Edward Kennedy 상원의원, 윌버 밀스Wilber Mills 하원의원 등 영향력 있는 의회 인사들이 전 국민 건강보험 도입을 평생의 목표로 삼기도 했다. 그러나 이런 노력은 모두 실패하거나, 부분적 성공에 그쳤다. 2010년 '환자 보호 및 건강보험 적정부담법ACA'이 어렵게 제정되면서 건강보험이 없는 사람의 비율은 줄었지만, 건강보험체계의 분절적 구조와 사각지대는 여전히 남아 있다.

(2) 미국 헌법이 건강보험제도에 미친 영향

2-1) '제한된 연방정부'와 양립하기 어려운 전 국민 건강보험
'왜 미국에는 전 국민 건강보험이 없는가?
모두가 복잡하고 분절적인 건강보험제도가 문제라고 하는데,
미국은 왜 해결하지 못하는가?'

앞서 간략히 살펴본 미국 건강보험제도의 모습에 드는 의문이다.
그 답은 아래와 같다.

'미국은 애초부터 전 국민 건강보험 도입이 어렵게 만들어진 나라이다.
18세기 건국의 아버지들The Framers이 헌법을 통해 그렇게 설계했다.'

헌법과 건강보험제도의 관련성이 쉽게 떠오르지 않을 수 있다. 그
러나 결론부터 말하면, 둘은 '연방정부연방의회, 연방 행정부, 연방 사법부 전체
를 포괄하는 개념으로서의 연방정부는 제한되어야 한다.'는 관념으로 연결되
어 있다. 미국 헌법은 연방정부 규모와 권한 확대로 인한 개인과 주州
의 독자성 침해를 우려하여 연방정부 확대를 경계한다. 전 국민 건강
보험 도입은 연방정부의 확대로 이어지기 때문에 헌법의 제한된 연
방정부 관념과 충돌하고, 둘은 양립하기 쉽지 않다.

예를 들어, 2022년 미국 보건의료지출 중 민간 건강보험 지출은 1
조 3,000억 달러로, 한국 정부 예산의 2배, 같은 해 삼성전자 연 매

출의 4배에 달한다. 만일 전국 단일 건강보험제도Single-payer model가 신설되거나 공보험Public option이 도입될 경우, 1조 3,000억 달러 중 상당 부분이 공공부문으로 옮겨 가게 된다. 이로 인해 단일보험자 방식, 공보험 채택 여부와 연방정부 규모 확대는 의회 입법과정에서 오랜 논쟁 대상이었다. 1994년 클린턴 행정부가 제시한 '의료보장법안 Health Security Act'은 법 시행과정에서 연방정부의 재정 중립성이 논란이 되면서 입법이 좌초되었다. 2010년 환자 보호 및 건강보험 적정부담법ACA 입법 당시에도 단일보험자 방식과 공보험 도입 여부를 두고 상하원에서 격론이 벌어졌다.

건강보험 구매의무화는 단일보험자 모델이나 공보험보다 연방정부 개입이 상대적으로 덜하다고 볼 수도 있으나, 이 역시 논쟁 대상이었다. 환자 보호 및 건강보험 적정부담법이 제정되면서 모든 개인은 민간 건강보험상품을 의무적으로 구매하게 되었고, 50개 주는 메디케이드 확대Medicaid expansion 조항에 따라 연방정부가 정한 공통의 저소득층 건강보험 프로그램 시행 기준을 따르게 되었다. 전 국민 건강보험으로 이어지는 듯했으나, 법 제정 2년 만에 위헌 소송이 제기되었다. 소송을 제기한 측은 건강보험 구매의무화와 메디케이드 확대조항이 각각 개인과 주의 헌법상 권한을 침해한다고 주장했다. 연방대법원은 아래와 같이 언급하며, 두 조항의 일부가 헌법이 보장한 개인과 주의 자율성을 침해한다고 판시하였다.

'That is not the country the Framers of our Constitution

envisioned.'

우리말로 옮기면, '(연방정부가 법률로 개인에게 건강보험 구매를 의무화하는 것은)우리 헌법 제정자들The Framers이 상정한 미국의 모습이 아니다.'라는 의미이다.

2-2) '제한된 연방정부' 관념의 기원

미국 헌법이 개인과 주州의 자율성을 중시하고, 연방정부의 확대를 경계하게 된 이유를 알기 위해서는 헌법 제정 당시 역사적 상황을 살펴보아야 한다. 18세기 북미대륙에는 13개의 식민지 주가 있었을 뿐, 미국이라는 국가는 존재하지 않았다. 영국으로부터 독립 이후, 1787년 미 동부 13개 주 대표들이 모여 헌법 초안을 만들고, 이것이 각 주에서 비준된 1789년에 이르러서야 미합중국과 연방정부가 탄생했다. 근대 국가형성 이전에 절대 왕조를 중심으로 국가 작용이 이미 이루어지고 있던 유럽과 대비된다.

개념적으로 보면 미국의 국가형성 과정은 유럽과 그 선후 관계가 반대이다. 유럽은 근대 국가형성 전 이미 절대 왕조를 중심으로 국가 작용이 이루어지고 있었지만, 미국은 여러 주 간에 아무런 정치적 · 행정적 구심체가 없다가 합의를 통해 헌법과 연방정부를 구성하였다. 다시 말하면, 유럽은 관료제, 상비군, 조세체계를 갖춘 중앙 정치체가 먼저 형성되고, 이후 시민 대표체가 도입되었지만, 미국은 13개 식민지 주 대표로 이루어진 대륙회의, 연합회의 같은 대표체가 먼저 존재했고, 이후 헌법 제정을 통해 국가와 연방정부를 만들었다. 이후에도 중앙정부로서 연방정부의 존재감은 크지 않았고, 각자의 헌법과 행정부를 갖춘 13개 주에 의한 자치가 이루어졌다. 제1차 세계대전과 1930년대 뉴딜 시기를 거치며 20세기가 되어서야 연방정부가 실질적 역할을 하기 시작하였다.

　미국이 형성된 역사적 배경을 알면 18세기 헌법 제정자들이 상정한 미국의 모습을 그려볼 수 있다. 헌법 제정자들에게는 13개 주와 개인이 우선이었고, 연방정부는 자신들이 필요에 의해 만들어 낸 부차적 존재였다. 영국과의 독립전쟁, 주 간의 분쟁을 거치며 중앙정부의 필요성을 느껴 연방정부를 만들기는 했지만, 이는 어쩔 수 없이 생겨난 필요악이었다. 그래서 새롭게 탄생한 국가의 이름도 '미국America'이 아닌 '미합중국The United States of America'이다. 주들이 모여 만든, 주가 없으면 성립할 수 없는 국가이다.

　미국 제3대 대통령 토머스 제퍼슨Thomas Jefferson은 자신이 속한 버지니아Virginia주를 '나의 국가My country'로, 연방의회를 '외국의 입법부Foreign legislature'로 지칭하기도 했다. 200여 년이 지난 오늘날에도 이러한 관념은 이어져, 제40대 로널드 레이건Ronald Reagan 대통령은 취임 연설에서 "All of us need to be reminded that the Federal Government did not create the State; the State created the Federal Government우리는 연방정부가 국가를 만든 것이 아니라, 국가가 연방정부를 만들었다는 것을 기억해야 합니다."라고 언급하기도 하였다.

　헌법 제정자들은 자신의 손으로 만든 연방정부가 혹여나 주와 개인의 권한을 침해할까 봐 우려하였고, 헌법에 연방정부를 제한하는 장치들을 다수 두었다. 먼저 연방정부를 행정부, 사법부, 입법부로 분리하고, 선출방식과 임기를 모두 다르게 하였다. 행정부 수반인 대통령 임기는 4년이고, 국민 직접 투표가 아닌 각 주의 선거인단을 통해 선출되도록 하였는데, 이는 대통령이 국민의 대표이자 주 대표의 성격을 모두 지니기 위함이다. 사법부인 연방대법원 대법관 9인은 종신직으로 대통령의 지명과 주 대표인 상원의 동의를 거쳐 임명하도록 하였다. 입법부인 연방의회는 6년 임기인 상원과 2년 임기인 하원으로 구분하여, 입법권을 분리하였다. 상원과 하원은 각각 법률안을 작성하며 상원과 하원 간 합의된 사항만 법률로 성립될 수 있다.

또한, 헌법은 상원을 통해 모든 주가 동등한 비중으로 연방정부의 중요한 의사결정에 관여하도록 하였다. 모든 주는 인구와 관계없이 상원에 2명의 대표를 보내 입법과정을 주의 통제 아래에 두었다. 그 결과 동부 연안에 위치한 인구 1백 9만 명의 로드아일랜드Rhode Island주와 3천 9백만 명의 캘리포니아California주가 각각 2명의 상원의원을 통해 같은 크기의 입법권을 행사한다. 외교관 등 행정부 주요 인사의 임명 역시 상원 동의하에 이루어진다. 실제로 상원에서 대사 비준 절차가 지연되면서 2021년 1월부터 이듬해 7월까지 주한 미국 대사직이 공석이기도 했다. 이를 일컬어 프랑스 역사가 앙드레 모루아Andre Maurois는 미국 헌법 제정자들이 상원에 영국 추밀원 기능을 기대했다고 언급하였다. 과거 국왕의 자문기구인 영국 추밀원처럼, 연방 행정부 수장인 대통령이 내각보다 상원의 자문에 따라 국정운영을 하라는 것이다. 그는 미국 헌법이 상원의 권한은 자세히 규정한 데 반해 행정부 내각에 대한 서술이 없는 점 역시 이러한 생각이 밑바탕에 있다고 주장한다.

1789년 헌법이 비준되어 효력을 갖게 된 이후에도 연방정부에 대한 경계심은 줄어들지 않았다. 결국 헌법이 제정된 지 불과 2년 후인 1791년, 제1대 연방의회에서 수정헌법 10개 조가 만들어졌다. 수정헌법은 연방정부로부터 개인과 주의 권익을 보호하기 위한 방어막이었으며, '권리장전The Bill of Rights'이라고도 불린다. 수정헌법 제1조는 종교 · 언론 · 집회의 자유로, 개인이나 주가 연방정부에 대응해 자유롭게 의사를 표현할 수 있는 권리를 담았고, 제2조는 무장의 권리로 당시 13개 주가 민병대를 무장시켜 군사적 자위권을 확보할 수 있는 근거를 마련하였으며, 제10조는 헌법에서 연방의 권한이라고 규정한 것 외의 모든 권리는 주와 국민이 보유한다고 명시한다. 개인과 주의 권리는 자연권과 같이 헌법 이전에 이미 존재했고, 연방정부의 권한은 헌법에 기술된 내용에 한정된다는 점을 분명히 한 것이다.

실제 2012년 환자 보호 및 건강보험 적정부담법ACA 위헌 소송에서는 연방대법원은 메디케이드 확대Medicaid Expansion 조항이 수정헌법 제10조를 위반하여 주의 권리를 부당하게 침해하였다고 판시하였다. 메디케이드 확대조항이 각 주에 일률적으로 연방정부가 정한 기준에 따라 메디케이드를 운영하도록 하고, 이를 거부할 경우 예산 지원을 중단한 것에 대해 위헌 판결을 내린 것이다.

2-3) 전 국민 건강보험 도입 관문이 된 헌법

전 국민 건강보험을 도입하기 위해서는 연방의회에서 연방 법률을 제정해야 한다. 그러나 헌법에 내재된 '제한된 연방정부' 관념, 상하원으로 분리된 의회 의사결정 구조, 상원을 통한 주의 강한 영향력 등은 전 국민 건강보험 입법을 어렵게 만들었다. 이러한 배경에서 1940년대 루스벨트Roosevelt 행정부 시기부터 수차례 이루어진 전 국민 건강보험 도입 시도는 실패하거나 부분적 성공에 그쳤다.

예를 들어, 상원은 단일보험자 방식Single-payer model이나 공보험 Public option 도입에 우호적이지 않다. 이들 대안은 건강보험 운영에 있어 연방정부의 권한을 키우고, 각 주의 재량을 줄이기 때문이다. 각 주의 영향력을 극대화하는 상원 입법구조도 개별 의원의 무제한 필리버스터를 허용하는 등 건강보험 개혁을 더욱 어렵게 만들었다. 하원에서도 재정적으로 보수적인 공화당 의원뿐만 아니라, 연방정부 재정 확대에 민감한 민주당 블루독 연합Blue Dog Democrats 의원들은 단일보험자 방식 채택이나 공보험 도입이 연방정부 재정적자를 늘리는 경우 법안에 반대했다.

어렵게 의회 문턱을 넘더라도 헌법의 다른 관문을 넘지 못해 입법이 좌절되는 경우도 있었다. 2015년 공화당을 중심으로 보건의료 자율회복법Restoring Americans' Healthcare Freedom Reconciliation Act of 2015이 의회에서 의결되었는데, 당시 오바마 대통령의 거부권 행사로 법제화되지 못했다. 또한, 앞서 살펴본 바와 같이 2012년에는 연방대법원에 의해 환자보호 및 건강보험 적정부담법ACA 일부가 위헌 판결을 받기도 했다.

③ 책의 전개

앞서 미국 헌법이 어떠한 역사적 배경에서 제정되어 어떤 관념을 가지게 되었는지, 이것이 전 국민 건강보험 도입에 어떤 영향을 미쳤는지 간략히 살펴보았다.

제2장에서는 미국 건강보험체계를 개괄한다. 미국 건강보험체계의 가장 큰 특징은 분절성으로, 나이, 소득 수준, 직업 등에 따라 이용 가능한 건강보험이 다르다. 연방정부, 주정부, 민간기업이 각각 건강보험을 제공하고, 서로 연계되지 않는 건강보험제도 사이 공백이 건강보험 사각지대로 이어진다. 제2장에서는 그 전반적인 모습을 다룬다.

제3장은 미국 헌법과 국가형성을 살펴본다. 분절화된 미국 건강보

험제도의 배경에는 미국 헌법에 뿌리 깊게 자리한 '제한된 연방정부' 관념이 있다. 제3장에서는 연방정부가 개인과 주의 권한과 자율성을 침해하지 못하도록 미국 헌법이 어떤 장치들을 두었는지 연방의회 상원과 하원, 연방 행정부, 연방대법원의 권한과 1791년 제정된 수정헌법을 중심으로 알아본다. 이어서, 왜 미국 헌법이 18세기 유럽처럼 구심력 강한 중앙정부 체제가 아닌, 느슨한 연방제를 채택했는지 그 역사적 배경을 논의한다.

제4장에서는 1940년대부터 이어져 온 전 국민 건강보험 입법 역사를 알아본다. 전 국민 건강보험을 실현하는 방식은 다양했다. 민간 건강보험시장의 확대를 주장한 경우도 있었고, 연방정부 주도의 단일보험자 도입 의견도 있었다. 그러나 이들 시도는 공통적으로 미국 헌법이 만든 입법 관문을 통과하지 못했다. 상원과 하원 간의 합의점을 찾고, 다양한 이해관계를 조율하고 타협하는 과정에서 건강보험제도는 점차 더 복잡해졌으며, 건강보험이 없는 사각지대 문제도 계속되었다.

제5장에서는 1993년 클린턴 행정부의 전 국민 건강보험 도입 과정과 실패 원인을 분석한다. 클린턴 행정부는 건강보험 개혁을 국정 우선순위에 두고 의료보장법안Health Security Act 입법을 추진했다. 그런데 의회 심의 과정에서 의료보장법안이 연방정부 재정적자를 확대하는 것으로 평가되면서 연방정부 재정 부담, 민간 보험시장 개입 등을 둘러싸고 논쟁이 커졌으며, 결국 법안은 건강보험업계, 중산층, 의회 상하원 모두로부터 지지를 얻지 못하고 입법에 실패했다.

제6장은 2010년 제정된 환자 보호 및 건강보험 적정부담법ACA의

의회 입법과정을 다룬다. 오바마 행정부는 입법 가능성을 높이기 위해 점진적인 개혁방식을 택했는데, 연방정부 개입이 큰 단일보험자 모델이나 공보험을 개혁안에서 제외하고, 기존의 민간 건강보험과 메디케이드 제도를 활용한 전 국민 건강보험 도입을 추진하였다. 이러한 오바마 행정부의 입법 전략과 상하원 법안 의결 과정을 상세히 들여다본다.

제7장은 환자 보호 및 건강보험 적정부담법의 내용을 자세히 살펴본다. 법은 당시 약 4천 7백만 명에 달하는 건강보험이 없는 사람에게 건강보험을 제공하고, 경제성장률을 웃도는 가파른 국가 의료비 지출 증가세를 완화하는 것이 목표였다. 두 목표를 중심으로 법의 내용과 목표 달성 여부를 확인한다.

제8장은 환자 보호 및 건강보험 적정부담법 위헌 소송과 그 폐지 입법에 관한 내용이다. 개인의 건강보험 구매를 의무화The individual mandate하고, 메디케이드 자격 기준을 모든 주에 일원화Medicaid expansion한 법의 두 핵심 조항이 위헌 소송 대상이 되었다. 해당 조항들이 헌법이 부여한 입법권을 일탈하여 헌법이 보장한 개인과 주州의 권리를 침해하였는지가 쟁점이 되었는데, 이는 '연방정부가 개인과 주의 활동영역에 얼마나 개입할 수 있는가?'에 관한 다툼이라는 점에서 18세기 연방정부 창설에 대한 연방주의자Federalist와 반연방주의자Anti-Federalist 간 논쟁의 재현이었다.

2017년에는 다시 공화당을 중심으로 연방의회에서 환자 보호 및 건강보험 적정부담법 폐지 입법이 추진되었다. 다양한 대안 속에서 결과적으로 폐지 입법은 성공하지 못했는데, 실패 원인 역시 헌법이었다. 헌법은 전 국민 건강보험 입법을 어렵게 했을 뿐만 아니라, 역설적으로 그 폐지도 어렵게 만들었다.

※ 본문에서 '연방정부'는 연방 행정부, 입법부, 사법부 전체를 가리키는 의미로 사용함
※ 본문에서 '환자 보호 및 건강보험 적정부담법(Patient Protection and Affordable Care Act)'은 맥락에 따라 전체 명칭 또는 '건강보험 적정부담법 (ACA)'을 혼용함

〈참고. '환자 보호 및 건강보험 적정부담법' 제정 목적 및 주요 내용〉

책에서 '환자 보호 및 건강보험 적정부담법Patient Protection and Affordable Care Act, ACA'이 반복적으로 언급된다. 책의 이해를 돕기 위해 법 제정 목적과 주요 내용을 간략히 소개한다. 자세한 법 제정 과정과 내용은 제6장에서 제8장에 걸쳐 상술한다.

1) 법 제정 목적 : 건강보험 확대, 국가 의료비 지출 관리

법 제정 목적은 크게 2가지이다. 첫째, 건강보험 접근성을 제고하고 그 사각지대를 완화하는 것이다. 2010년 법 제정 당시 건강보험이 없는 사람은 전체 인구의 15%에 이르렀다. 이들이 건강보험을 새롭게 이용하여 필요한 의료에 접근하도록 하는 것이 주요 입법 목적이었다.

둘째, 국가 의료비 지출 관리이다. 공보험 프로그램인 메디케어와 메디케이드는 연방과 주정부 모두에게 큰 재정 부담 요인이었다. 민간 건강보험료의 상승세도 계속되는 상황이었다. 법 제정 당시 국가 의료비 지출이 이미 국내총생산GDP의 17%를 상회했다. 환자 보호 및 건강보험 적정부담법ACA은 이러한 문제를 해결하기 위해 제정되었다.

2) 주요 내용 : 건강보험 구매의무화, 메디케이드 확대

환자 보호 및 건강보험 적정부담법이 건강보험을 확대한 방식은
2가지이다. 우선, 모든 사람이 민간 시장에서 건강보험을 구할 수
있도록 하였다. 이를 위해 개인과 기업을 대상으로 건강보험 구매를
의무화The individual/employer mandate하였다. 소득이 적고 규모가 작은
개인과 사업장은 보조금을 지급하여 건강보험 구매를 지원하였다.

다음으로, 메디케이드를 확대하였다. 1965년 도입된 메디케이드는
저소득층 등을 위한 공보험 프로그램으로, 2010년 당시 이용자가
5천만 명에 이르렀다. 특이한 점은 주정부 재량으로 50개 주마다
메디케이드 이용자격요건이 달랐다는 것이다. 이 때문에 주를 경계로
건강보험 사각지대가 나타났다. 법은 메디케이드 확대Medicaid expansion
조항을 신설해 모든 주의 메디케이드 이용 요건을 통일하여, 일정 수준
이하의 저소득층이 사각지대 없이 공보험을 이용하도록 하였다.

이 외에도 메디케어Medicare 지출 절감, 의료 질과 보건의료 효과성
제고, 만성질환 예방, 보건의료기술 혁신과 관련한 내용이 환자 보호 및
건강보험 적정부담법에 담겼다.

History of
U.S. health insurance
and
the Constitution

제2장

–

미국 건강보험제도의
분절성과 그 기원

1 민간·공공, 연방·주, 직업·연령에 따라 나뉘어진 건강보험제도

(1) 현황 : 분절적 건강보험제도

미국의 건강보험제도는 운영 주체와 이용자 특성에 따라 다양하게 나누어지는 '분절성'이 가장 큰 특징이다. 민간과 공공, 연방정부Federal government와 주정부State government 등을 경계로 이용 가능한 보험에 차이가 있다. 아래에서는 ① 고용주 제공 민간 건강보험 Employer-Sponsored health Insurance, ESI, ② 메디케어Medicare, ③ 메디케이드Medicaid, ④ 저소득 가정 어린이 건강보험Children's Health Insurance, CHIP, ⑤ 연방정부 공무원 건강보험, ⑥ 군인 건강보험Tricare을 소개함으로써 이러한 분절성을 살펴본다.

<표2. 건강보험제도별 이용자 수>

(단위 : 천명)

	2010년	2022년	증감
총인구 Total	308,745	338,289	24,542
건강보험 보유자 Any coverage	257,080	301,900	44,820
건강보험 미보유자 Uninsured	47,208	26,370	△20,838
민간 건강보험	200,269	220,700	20,431
고용주 제공 건강보험 Employer-based	167,137	179,900	12,763
개인 직접 구매 건강보험 Direct-purchase	38,719	45,720	7,001
군 관계자 건강보험 TRICARE	7,905	8,925	1,020
공적 건강보험	90,375	122,000	31,625
메디케이드 Medicaid	51,855	69,720	17,865
메디케어 Medicare	44,818	60,860	16,042
퇴역군인 의료 VA Care	6,266	7,358	1,092

※ 2010년은 환자 보호 및 건강보험 적정부담법ACA 시행 연도
※ 출처 : 메디케어-메디케이드 센터(Center for Medicare and Medicaid Services)

1) 건강보험체계 분절 ① : 민간과 공공영역

—

미국 건강보험제도는 민간이 운영하는 건강보험과 정부가 운영
하는 건강보험으로 나뉜다. 민간 보험인 고용주 제공 민간 건강보험
ESI, 연방정부 · 주정부가 운영하는 보험인 메디케어Medicare, 메디케

이드Medicaid는 미국 건강보험제도의 큰 축을 이룬다. 미국 인구 대부분이 이 셋 중 하나를 이용하는데, 2022년 기준 약 1억 8천만 명이 자신이 일하는 직장을 통해 건강보험을, 1억 3천만 명은 공보험인 메디케어와 메디케이드를 이용하였다.

1-1) 민간부문 건강보험 :
고용주 제공 민간 건강보험Employer-Sponsored health Insurance, ESI

고용주 제공 민간 건강보험ESI은 고용주가 근로자에게 제공하는 건강보험으로, 고용주가 민간 건강보험사와 계약을 맺고 근로자에게 건강보험을 제공하는 방식이다. 일반적으로 고용주가 건강보험료의 약 70%를, 근로자가 나머지를 부담하게 되므로 근로자에게 유리하다. 2022년 미국 인구 절반 이상인, 약 1억 8천만 명이 고용주 제공 민간 건강보험을 이용하였다. 다만, 모든 사업장에서 건강보험을 제공하는 것은 아니다. 건강보험 적정부담법ACA 시행 전인 2009년 기준 전체 사업장의 절반 정도만 근로자에게 건강보험을 제공하였다. 사업장의 규모에 따라 차이가 큰데, 200인 이상 대규모 기업은 98%가 건강보험을 제공한 데 반해 그 이하 소규모 사업장의 건강보험 제공 비율은 59%에 불과했다.

근로자는 건강보험을 이용하기 위해서라도 대규모 사업체에서 근무할 유인이 있다. 건강보험료 중 상당 부분을 고용주가 부담하기 때문이다. 카이저 재단Kaiser Foundation에 따르면 2010년 고용주가 제공하는 평균적인 건강보험의 연간 보험료는 1만 3,770달러였고, 이 중

70%인 9,773달러를 고용주가 부담하였다.

그런데 2010년 건강보험 적정부담법이 제정·시행되면서 50인 이상 근로자가 근무하는 사업장은 건강보험 제공이 의무화되었다. 법에 신설된 고용주 건강보험 의무조항The employer mandate clause이 근거조항이었다. 만일 50인 이하 사업장에서 자력으로 근로자에게 건강보험을 제공하기 어렵다면 소규모 기업 건강보험 프로그램Small Business Health Option Program을 통해 연방정부가 건강보험 구매를 지원한다.

1-2) 정부 운영 건강보험 : 메디케어Medicare, 메디케이드Medicaid

메디케어는 65세 이상 노인을 대상으로 하는 건강보험으로, 연방정부가 연방정부 조세를 재원으로 하여 제공하는 공보험Public insurance이다. 연방정부는 메디케어 프로그램 운영을 위해 소득의 2.9%를 메디케어세Medicare payroll tax로 별도 징수한다. 메디케어 운영은 미국 보건복지부Department of Health and Human Services 산하 메디케어-메디케이드 센터Center for Medicare and Medicaid Services가 담당한다.

미국인들이 메디케어를 바라보는 시각은 어떠한가. 미국인들에게 메디케어는 근로 시기에 납부한 세금을 65세 이후 의료보장 형태로 돌려받는 일종의 '권리'이다. "Don't touch my Medicare!내 메디케어에 손대지 마라!"라는 구호가 이를 대변한다. 즉, 메디케어가 축소되면 권리를 침해하는 것으로 인식될 수 있기 때문에, 메디케어에 변화를 가져오는 입법은 매우 민감한 이슈이다. 2009년 건강보험 적정부담법 입법 당시 오바마 행정부가 메디케어에는 변화가 없을 것이라고 선제적으로 공언한 것도 이러한 맥락이다. 메디케어 이용자들을 안심시켜 불필요한 논란을 없애려는 것이다.

메디케이드는 저소득층과 장애인 등에게 건강보험을 제공하는 공보험이다. 1965년 메디케어와 함께 도입되었지만, 보장범위와 지불방식에 있어 차이가 있다. 먼저 메디케이드는 치과 치료나 안경 제작 등을 포함하여 메디케어보다 보장범위가 넓다. 또한 메디케이드는 많은 주가 관리의료Managed care, 의료비 지출 수준을 사전에 정하여 보상 방식으로 운영하는 데 반해, 메디케어는 행위별 수가Fee for Service, 의료행위 개별 건에 대해 수가를 책정하여 지불가 주로 적용된다.

2) 건강보험체계 분절 ② :
연방정부Federal government와 주정부State government
—

미국 건강보험제도는 공보험의 운영 주체인 연방정부와 주정부를 기준으로도 분절화되어 있다.

연방정부는 메디케어를 운영한다. 메디케어 소득세를 징수하여 운영 재원을 마련하고, 미국 보건복지부가 의료수가와 보장범위 등을 결정한다. 반면, 메디케이드는 주정부 중심으로 운영된다. 연방정부는 필수 보장항목 등 최소 제도 운영 기준만 정하고, 주정부에 예산의 일부를 보조하는 데 그친다. 구체적인 자격 기준과 보장 프로그램은 주정부의 재량이다. 예를 들어, 건강보험 적정부담법ACA 시행 전인 2009년에는 뉴욕주와 캘리포니아주에서 메디케이드 이용을 위한 소득 수준 요건이 서로 달랐다.

이러한 메디케이드의 특성은 건강보험제도의 지리적 분절을 야기했다. 지역에 따라, 주를 경계로 메디케이드 제도의 구체적 내용이 달라지기 때문이다. 주정부의 재정 상황이나 복지정책 방향 등에 따라 메디케이드 수급 자격이나 보장범위에 차이가 있다. 심지어 메디케이드 제도를 운영할지 여부도 주정부의 '선택'이다. 예를 들어 애리조나주는 메디케이드 제도가 처음 도입된 1965년부터 1981년까지 메디케이드 운영을 '선택'하지 않았다.

건강보험 적정부담법 제정과 2012년 위헌 소송은 메디케이드의 지리적 분절을 심화시켰다. 건강보험 적정부담법은 메디케이드 제도에 대해 50개 주 공통 기준을 만들었는데, 소득이 연방 빈곤선Federal poverty line의 138% 이하이면 거주하는 주와 관계없이 메디케이드 이용이 가능하게 한 것이다. 이를 '메디케이드 확대Medicaid expansion' 조항이라고 한다. 법 제정 직후 메디케이드 확대조항에 대한 위헌 소송이 제기되었고, 연방대법원은 메디케이드 확대를 50개 주에 일률적으로 적용하는 것이 헌법이 보장한 주의 자율성을 침해한다고 판결했다. 결국 메디케이드 확대조항 채택 여부는 각 주의 선택이 되었다. 2022년 기준 캘리포니아 등 40개 주가 메디케이드 확대조항을 채택했고, 나머지는 여전히 1965년 도입된 기존 메디케이드 제도를 유지하고 있다.

〈표3. 메디케이드 확대 채택 주〉

(진한 파란색 표기, 2022년 기준)

메디케이드 확대 적용
메디케이드 확대 미적용

※출처 : http://www.medicaid.gov, medicaid state expansion map

〈표4. 주州를 경계로 분절된 건강보험 접근성〉

주州는 미국 건강보험제도의 분절성을 이루는 대표적인 요인이다. 주를 경계로 건강보험제도에 차이가 있고, 이러한 차이는 주민들의 삶에 영향을 미친다.

(1) 건강보험이 없는 인구 비율

아래는 전체 주민 중 건강보험이 없는 인구 비율을 8개 주별로 비교한 그래프이다. 2가지 점에 주목할 수 있는데, 첫째, 주마다 건강보험이 없는 인구 비율에 확연한 차이가 있다. 텍사스주는 2010년 기준 25%가 넘는 반면, 매사추세츠주는 그 비율이 5%에 그쳤다. 둘째는, 건강보험 적정부담법ACA 시행 전후의 차이이다.

2010년은 건강보험 적정부담법이 시행된 해이다. 법 시행 후 미국 전체의 건강보험 없는 인구 비율이 2010년 15.2%에서 2021년 8.3%로 감소하였다. 다만, 감소 효과는 주마다 다른데, 뉴욕주는 2010년에서 2021년 사이 건강보험이 없는 인구 비율이 절반 가까이 줄었으나, 애리조나주는 그 감소 비율이 상대적으로 작았다. 이는 건강보험 적정부담법 제정 효과 역시 주를 경계로 차별적으로 나타났음을 보여준다.

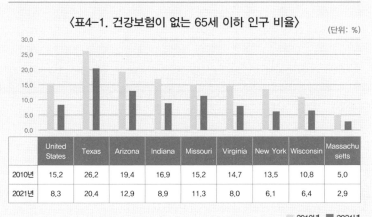

〈표4-1. 건강보험이 없는 65세 이하 인구 비율〉 (단위: %)

	United States	Texas	Arizona	Indiana	Missouri	Virginia	New York	Wisconsin	Massachusetts
2010년	15.2	26.2	19.4	16.9	15.2	14.7	13.5	10.8	5.0
2021년	8.3	20.4	12.9	8.9	11.3	8.0	6.1	6.4	2.9

■ 2010년 ■ 2021년

※ 출처 : 메디케어-메디케이드 센터(Center for Medicare and Medicaid Services)

(2) 메디케이드 이용 인구 비율

2012년 메디케이드 확대조항Medicaid expansion 위헌 판결로, 주를 경계로 메디케이드를 운영하는 모습에 차이가 커졌다. 아래 그래프는 이러한 차이를 나타낸다. 뉴욕주의 경우 메디케이드 이용 인구 비율이 2010년 21.6%에서 2021년 29.3%로 35% 이상 증가했다. 버지니아주나 매사추세츠주도 유사한 경향을 보였다.

반면, 텍사스주나 애리조나주에서는 같은 기간 메디케이드 이용
인구 비율이 크게 변화하지 않았다. 이는 위헌 판결 이후 건강보험
적정부담법상 메디케이드 확대조항을 채택하지 않고 기존 메디케이드
제도를 유지한 결과이다.

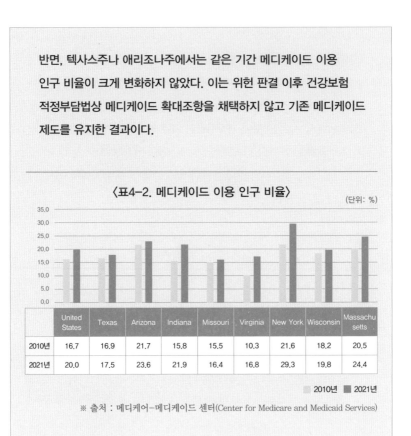

〈표4-2. 메디케이드 이용 인구 비율〉

(단위: %)

	United States	Texas	Arizona	Indiana	Missouri	Virginia	New York	Wisconsin	Massachusetts
2010년	16.7	16.9	21.7	15.8	15.5	10.3	21.6	18.2	20.5
2021년	20.0	17.5	23.6	21.9	16.4	16.8	29.3	19.8	24.4

　■ 2010년 ■ 2021년

※ 출처 : 메디케어-메디케이드 센터(Center for Medicare and Medicaid Services)

3) 건강보험체계 분절 ③ : 직업과 연령

—

민간과 공공, 연방정부와 주정부로 분절화된 것에 더해, 미국 건
강보험제도는 직업과 연령에 따라 이용 가능한 제도가 다르다. 연방
정부 공무원, 저소득 가정 어린이, 군인 등을 위한 건강보험제도가
별도로 존재한다.

3-1) 군 관계자Tricare와 연방정부 공무원FEHBP

군 관계자와 연방정부 공무원은 별도의 건강보험제도를 이용한
다. 군 관계자 대상 건강보험이 '트라이케어Tricare'이다. 이 제도는 현
역 군인과 가족, 훈장 수훈자, 예비군 등을 대상으로 한다. 한편, 연
방 행정부 공무원, 의회의 상·하원의원 등에게는 연방정부 공무원
건강보험 프로그램Federal Employee Health Benefits Program, FEHBP이 적용
된다. 연방정부는 전체 건강보험료의 약 70%를 부담하고, 민간 건
강보험사와 계약하여 건강보험을 제공한다. 그 운영 역시 미국 보건
복지부가 아닌 미국 인사처Office of Personnel Management 소관이다.

3-2) 저소득 가정 어린이 건강보험
Children's Health Insurance Program, CHIP

앞서 저소득층에게는 주정부가 메디케이드 건강보험을 제공한다
고 언급하였다. 그런데 가구소득이 낮음에도 불구하고 메디케이드
기준보다는 높기 때문에 건강보험을 지원받지 못하는 사각지대가 존
재한다. 이러한 사각지대에 있는 저소득 가정 어린이를 지원하는 것
이 저소득 가정 어린이 건강보험CHIP이다. 저소득 가정 어린이 건강보
험은 외래, 약제, 치과, 응급의료 등을 필수 보장하고, 필수 보장항목
외에는 주정부 재량으로 정한다. 2022년 기준 저소득 가정 어린이 건
강보험 이용자는 약 7백만 명이다.

저소득 가정 어린이 건강보험이 시행된 배경을 살펴보면, 클린
턴 행정부는 출범과 동시에 보건의료 개혁 태스크포스Task Force on

National Health Care Reform를 만들고 행정부 주도로 의료보장법Health Security Act 입법을 추진하였다. 의료보장법은 기존 건강보험제도의 전방위적 개혁안으로, 민주당을 포함한 상·하원에서 지지를 얻지 못해 입법에 실패하고 만다. 이때 의료보장법의 차선책으로 저소득 가정 어린이 건강보험이 도입되었다. 저소득 가정의 어린이만이라도 건강보험을 지원해야 한다는 데에 공감대가 모아졌기 때문이다.

4) 건강보험체계 분절 ④ :
퇴역군인 의료지원체계Veterans Affair Care, VA Care
—

미국은 민간 건강보험을 이용하는 비중이 큼에도 불구하고, 퇴역군인 의료지원은 연방정부가 직접 담당한다. 미국 보훈부Department of Veterans Affair에 퇴역군인 의료지원 본부Veterans Health Administration, VHA 를 두고, 연방정부 소속으로 병·의원을 운영하며, 의료진을 직접 고용한다.

퇴역군인 의료지원 본부는 세계에서 손꼽히는 대규모 의료조직 중 하나이다. 퇴역군인 의료지원 본부에는 2020년 기준 146개의 병원, 775개 외래 클리닉, 300개 상담센터가 소속되어 있다. 1천 9백만 명의 퇴역군인 중 9백 20만 명이 등록하여 이용 중이며, 2022년 예산은 1,010억 달러로 같은 해 한국 건강보험 지출 85조 원을 상회한다.

〈표5. 퇴역군인 의료지원 본부VHA의 문제점과 존 매케인 공화당 상원의원〉

2014년 퇴역군인 의료지원 본부VHA 소속 병원 대기기간이 길어지면서 퇴역군인이 사망하는 사고가 발생하였다. 유사한 사고가 다수 있었다는 의혹이 제기되었고, 당시 오바마 대통령은 언론 브리핑에서 국군 통수권자이자 국민으로서 해당 의혹을 밝히겠다고 언급하였다. 퇴역군인 의료지원이 연방정부 차원에서 다루어지고 있음을 보여주는 대목이다.

사고 당시 공화당 존 매케인John McCain 애리조나주 상원의원은 오바마 행정부의 관리 책임을 지적하였다. 해군사관학교를 졸업하고 전투기 조종사로 베트남전에 참전한 존 매케인은 1967년에서 1973년까지 베트남에서 포로 생활을 했으며, 1987년부터 2018년 뇌종양으로 사망할 때까지 31년간 상원의원으로 일했다. 그는 건강보험제도 개선과 퇴역군인 의료지원체계 개선에 관심이 많아, 공화당 후보로 나선 2008년 대통령 선거에서 민주당 오바마 후보와 건강보험 개혁 방향을 두고 논쟁하기도 하였다. 존 매케인은 오랜 군 경력과 포로 생활, 보건의료정책에 대한 관심으로 퇴역군인 의료지원 본부의 문제점을 공개적으로 비판할 수 있는 몇 안 되는 정치인이었다. 그런 만큼 2014년 퇴역군인 사고에 대한 그의 지적에는 적지 않은 무게가 실렸다.

2017년 공화당은 상원에서 건강보험 자유법안Health Care Freedom Act, HCFA을 발의하고, 건강보험 적정부담법ACA 폐지를 추진했다. 의회 내 논쟁 끝에 공화당 상원의원 중 일부가 반대하여 건강보험 자유법안HCFA은 상원을 통과하지 못했고, 건강보험 적정부담법은 폐지 위기에서 살아남았다. 반대표를 던진 공화당 의원 중 한 명이 존 매케인 애리조나주 상원의원이었다. 뇌종양 투병 중에도 상원 표결에 참여한 그의 모습이 언론에 실리기도 했다. 2017년 7월 상원 표결 이후 오바마 전 대통령은 존 매케인 상원의원에게 감사를 표했다고 알려졌으며, 이듬해 가을 그의 장례식에서 추도사를 하기도 했다.

(2) 분절적 건강보험제도에 대한 평가

앞서 살펴본 미국의 분절적 건강보험제도를 비용Cost, 치료 접근성 Access to care, 형평성Equity 측면에서 평가한다.

1) 비용Cost : 건강보험제도 간 분절로 인한 행정비용

–

미국 건강보험제도의 높은 분절성은 행정비용Administrative cost의 증가를 가져오고, 이는 전체 보건의료지출 확대로 이어진다.

미국은 국가 의료비 지출National health expenditure이 많은 나라이다. 2022년 기준 연간 국내총생산의 17.3%에 달한다. 4조 5,000억 달러로, 같은 해 독일 전체 경제 규모에 이른다. 2035년까지 연방정부 예산의 절반을 메디케어를 비롯한 보건의료 프로그램이 차지할 것이라는 전망도 있다. 일부 주정부는 메디케이드 등 의료 분야 예산 급증으로 교육과 사회 인프라 부문 예산 확보에 어려움을 겪기도 한다.

미국의 거대한 의료지출 주요 원인 중 하나는 행정비용이다. 행정비용이란 정부나 민간 건강보험사의 건강보험 프로그램 운영에 소요된 간접비를 말한다. 예를 들어 민간 건강보험사의 마케팅 비용이나 의료제공자 네트워크 유지 비용 등이 있다. 건강보험 제공체계가 분절화되면, 행정비용이 늘어난다. 별개의 보험제공자가 각기 다른 보험청구 방식 등을 적용하기 때문이다. 알렉스 폴잔Alexis Pozen과 데이비드 커틀러David Cutler는 미국 의료 분야 고비용 요인으로 행정비용39%, Administrative expenses, 의료인에 대한 보상31%, Higher incomes of medical practitioners, 추가적인 검사14%, Additional procedure 등을 들었다. 카이저 재단 연구를 보면 높은 행정비용은 더욱 극명하다. 2018년 미국 연간 1인당 의료비 지출은 1만 637달러로, 유사한 경제 규모와 보건의료체계를 갖춘 국가 5,527달러의 2배 수준이다. 그런데 연간 1인당 행정비용은 937달러로, 유사한 국가 201달러의 4배를 상회하여 의료비 지출 중 행정비용이 차지하는 비중이 큰 것으로 나타났다.

2) 성과Outcome : 낮은 치료 접근성
—

건강보험체계가 근로 여부, 소득 수준, 직장 유형 등 여러 요인에 따라 분절되어 있는 것은 그 경계선 사이에 사각지대를 야기한다. 그리고 사각지대의 건강보험이 없는 사람들은 치료 접근성Access to care 이 떨어진다. 경제적 부담 때문에 치료를 미루거나 받지 않기 때문이다. 엘리자베스 워드Elizabeth Ward에 따르면 미국에서 건강보험이 없는 암 환자의 5년 생존율은 보험이 있는 사람보다 낮게 나타났다. 또한 건강보험이 없는 사람은 교통사고를 당하더라도 보험이 있는 사람보다 약 20% 적게 치료를 받은 것으로 조사되었다.

그렇다면 건강보험의 사각지대에 있는 미국인은 얼마나 될까? 2010년 건강보험 적정부담법 시행 당시 건강보험이 없는 사람은 약 4천 7백만 명으로, 인구의 15% 수준이었다. 건강보험 적정부담법이 시행되고 10여 년이 흐른 2022년에도 여전히 미국 인구의 8%는 건강보험이 없다. 이들은 대부분 근로 빈곤층으로, 소득이 메디케이드 이용 기준보다는 높지만 영세한 직장을 다니고 있어 직장을 통해 건강보험을 얻지 못하는 경우이다.

3) 형평성Equity : 교차보조와 의료비 부채, 그리고 역선택
—

3-1) 교차보조Cross subsidization

분절적 건강보험제도로 사각지대가 발생하여 건강보험이 없는 사람이 많아지면 '교차보조Cross subsidization'의 문제가 나타난다. 교차보조란 건강보험이 있는 사람이 적정 보험료 이상의 추가적인 보험료를 지불하여 건강보험이 없는 사람 때문에 발생하는 의료기관 재정 부담 일부를 보전하는 것을 뜻한다. 예를 들어 건강보험이 없는 개인이 교통사고로 병원에 이송되어 치료를 받았을 때 병원에 치료비 전액을 지불하기란 사실상 어렵다. 이런 식으로 발생하는 손실 일부에 대해 의료기관과 보험회사는 건강보험이 있는 사람에게 추가적인 보험료를 전가하여 보전한다. 건강보험이 있는 사람이 없는 사람의 치료비를 간접적으로 보조하는 셈이다. 건강보험 적정부담법 시행 전인 2008년 기준, 건강보험이 있는 사람이 약 430억 달러를 교차보조 형태로 추가 부담한 것으로 추산되었다.

3-2) 의료비 부채

건강보험이 있는 사람들에게 교차보조의 부작용이 나타난다면, 건강보험이 없거나 보장이 부실한 사람들은 높은 의료비로 인한 의료비 부채에 시달린다. 2020년 미국 인구조사의 일환으로 시행된 소득과 프로그램 조사The Survey of Income and Program Participation에 기반한 매튜 레이Matthew Rae 등의 연구에 따르면 2천 3백만 명이 심각한 의료부채가 있는 것으로 나타났다. 미국 전체 인구의 7%에 달하는 규모이다. 이 중 13%인 3백만 명은 의료비 부채가 1만 달러 이상이었다.

3-3) 역선택Adverse selection과 기저질환자 보험 가입 거절

지금까지는 건강보험이 없는 사람 중 소득 수준이 낮아 문제가 발생하는 경우를 주로 살펴보았다. 그러나 현실에는 고용주 제공 민간건강보험ESI, 메디케어Medicare, 메디케이드Medicaid 등을 적용받지 못하더라도 자신이 비용을 부담하면서 민간 건강보험을 구매할 경제력이 있는 사람도 있다. 2010년 기준 이러한 사람은 약 1천 5백만 명에 이른다. 그렇다면 이들에게는 건강보험에 있어 아무런 문제가 없는가? 정답은 '아니오.'이다. 경제적 여력이 있음에도 불구하고 시장에서 건강보험을 구매하지 못하는 사람들이 있다. 바로 '기저질환 Preexisting condition' 때문이다. 보험 가입 전 만성질환이나 암 등의 병력이 있으면 민간 보험사에서 보험인수를 거절할 수 있다. 이렇게 기저질환으로 건강보험 가입이 거절된 사람은 2013년 기준 약 5백만 명에 달하였다.

2010년 제정된 건강보험 적정부담법은 모든 개인의 건강보험 구매를 의무화해 민간 보험사의 역선택 위험을 방지하고, 기저질환을 이유로 건강보험 가입을 거절할 수 없게 하였다. 또한, 소득이 낮아 구매가 어려운 경우에는 연방정부가 보조금을 지급하고, 별도의 건강보험 구매 플랫폼Health insurance exchange을 만들어 구매 접근성을 높였다. 반면 구매의무를 위반할 경우에는 조세 형태의 처벌을 통해 이행력을 확보하고, 개인뿐만 아니라 고용주 역시 근로자에게 의무적으로 건강보험을 제공하도록 규정하였다.

〈표6. 기저질환으로 인한 건강보험 가입 거절과 역선택〉

기저질환자의 건강보험 인수 거부는 '역선택Adverse selection' 문제와 연결된다. 역선택은 정보 불균형으로 불리한 의사결정을 하는 상황을 뜻한다. 보험시장에서 역선택은 보험제공자가 보험 가입 신청자의 사고 가능성에 대한 정보가 부족한 데서 발생한다.

평균보다 사고 확률이 높은 사람H유형은 보험을 가입하려고 하고, 평균보다 사고 확률이 낮은 사람L유형은 필요성이 낮으므로 보험 가입 유인이 적다. 결과적으로 보험에 가입하고자 하는 사람은 사고 확률이 높은 사람이다.

이러한 상황에서, 보험 가입 신청자의 사고 가능성에 대한 정보를 보험제공자가 정확히 알고 있다면 개개인의 사고 확률에 대응하는 보험료를 책정할 수 있을 것이다. 그러나 보험제공자와 보험 가입 신청자 간에는 정보 불균형이 존재하고, 보험제공자는 보험 가입 신청자의 사고 확률에 대해 제한적으로만 알 수 있다. 결국 보험제공자는 평균적인 사고 확률에 기초한 보험료를 부과할 수밖에 없다.

그러면 사람들은 보험에 가입할까? H유형은 자신이 내야 할 보험료보다 낮은 평균 보험료를 부담하기 때문에 보험에 가입한다. 하지만 L유형은 평균적인 사고율에 기초한 높은 보험료를 부담해야 하기 때문에 보험에 가입하지 않으려 한다. 이는 결과적으로 보험시장에서 H유형만 보험에 가입하고, 보험제공자가 손실을 입는 결과를 초래한다. 보험제공자 손실이 계속되면 보험제공자는 시장에서 이탈하고, 보험상품 역시 시장에서 사라질 가능성이 커진다.

역선택을 줄이기 위해 보험제공자는 사고 확률이 높은 사람의 보험 가입을 거절할 유인이 크다. 건강보험료를 납부할 경제적 여력이 있는데도 기저질환 때문에 건강보험에 가입하지 못한 사람들 역시, 보험사가 기저질환을 높은 위험도의 수리적 신호로 보고 역선택을 방지하고자 한 것이다.

역선택을 해결하는 방법 중 하나는 모두가 보험에 가입하도록 하는 것이다. H유형과 L유형 모두 의무적으로 보험에 가입할 경우, 전체 손해 확률은 H유형과 L유형의 평균 수준이 된다. 그러면 보험제공자는 보험 가입 신청자 개개인의 사고 확률에 대한 정보가 없어도 평균 수준의 위험도에 해당하는 보험료를 부과하여 역선택으로 인한 손실을 방지할 수 있다.

2 분절적 건강보험제도가 생겨난 역사적 배경

앞서 미국 건강보험제도가 민간-공공, 연방정부-주정부, 직업, 소득 등에 따라 어떻게 나뉘어 있는지 살펴보았다. 아래에서는 고용주 제공 민간 건강보험ESI과 메디케어Medicare를 중심으로 이들이 형성된 역사적 배경과 이슈들을 살펴보기로 한다.

(1) 고용주 제공 민간 건강보험ESI

1) 확산 계기

—

1-1) 제2차 세계대전

제2차 세계대전 당시 기업들은 전쟁으로 부족해진 근로자를 확보해야 했다. 그러나 루스벨트 행정부와 의회는 1942년 '안정화법Stablilaztion Act'을 제정하고 임금 수준을 동결했기 때문에, 기업들은 임금 상승 대신 다른 유인을 통해 근로자를 채용해야만 했다. 이때 활용된 것이 건강보험 제공이다. 예를 들어 월 급여를 1,000달러 이상 지급하는 것이 금지되었다면 기업은 건강보험료 명목으로 200달러를 추가하여 근로자에게 1,200달러를 주었다.

고용주로부터 제공받는 건강보험료를 임금의 일종으로 보아야 하는지 논란이 있었으나, 전쟁노동위원회The National War Labor Board는 건강보험이 안정화법에서 제한하는 임금의 유형에 해당하지 않는다고 해석하였다. 이를 기점으로 건강보험을 제공하여 근로자를 채용하기 위한 경쟁과 함께, 고용주 제공 민간 건강보험ESI 확산이 시작되었다.

1-2) 연방정부의 조세 혜택

미국 국세청이 건강보험에 대해 세제 혜택을 부여하면서 고용주 제공 민간 건강보험은 더욱 활성화되었다. 국세청은 1954년 유권해석을 통해 고용주가 근로자에게 제공하는 건강보험은 과세 대상 임금이 아니라고 판단하였다. 즉, 근로자들은 고용주로부터 보조받는 건강보험료에 대해 세금을 낼 필요가 없어졌다.

이러한 상황은 고용주와 근로자 모두에게 이익이 되었다. 전후 호황으로 인한 고용증가와 맞물려, 고용주 제공 건강보험을 이용하는 근로자 비중이 더욱 늘어났다. 메디케어와 메디케이드가 도입된 1965년 이전에는 국가 전체 단위의 공보험이 없었기 때문에 고용주 제공 민간 건강보험을 이용하는 것 외에 별다른 방법이 없기도 했다.

이러한 흐름에서 고용주 제공 민간 건강보험은 미국에서 가장 많은 사람들이 이용하는 건강보험 유형이 되었다. 메디케어와 메디케이드가 도입된 이후에도 그 비중은 계속 증가하여, 2022년에는 인구의 절반이 고용주 제공 민간 건강보험을 이용하고 있다.

〈표7. 블루크로스Blue Cross · 블루쉴드Blue Shield와 고용주 제공 민간 건강보험ESI〉

　　미국에서 건강보험의 시작은 블루크로스Blue Cross와 블루쉴드Blue Shield이다. 블루크로스는 1929년, 블루쉴드는 1946년 각각 시작되었고, 1950년대를 거치면서 본격적으로 기업의 건강보험시장 진출이 이루어졌다. 공보험인 메디케어Medicare와 메디케이드Medicaid가 1965년에야 도입된 점을 고려하면 미국에서 민간 건강보험은 공보험 도입 한 세대 전에 상당수 근로자가 이용하는 주된 보험 유형으로 자리 잡았음을 알 수 있다.

■ 블루크로스Blue Cross · 블루쉴드Blue Shield 등장과 특징
1) 비영리 건강보험 기업의 등장

블루크로스는 입원 치료에 대해 건강보험 보장을 제공하는 비영리 기업이다. 1929년 베일러대학교Baylor University에서 교직원들을 대상으로 선불 형태의 건강보험을 제공한 것이 시초였다. 교직원은 6달러를 미리 지불하고 연간 21일의 입원 치료를 보장받았다. 이러한 선불 형태 입원 치료 보장 프로그램은 1930년대 경제 대공황을 거치며 더욱 확산되었다. 병원은 선불로 받은 건강보험료 수입을 통해 불황기에도 재정 흐름 안정화가 가능했고, 가입자는 갑작스러운 의료비 지출에 대비할 수 있었기 때문이다. 미국병원협회American Hospital Association가 블루크로스 설립에 주도적 역할을 하였다.

블루쉴드는 외래진료를 보장하는 비영리 기업이다. 미국 의사협회American Medical Association를 중심으로 도입되었다. 1939년 캘리포니아의 외래 서비스the California Physicians' Service가 시초가 되었고, 베일러대학교와 유사하게 선불 형태의 건강보험이었다. 캘리포니아 외래 서비스는 월 1.7달러를 지불하고 진료를 이용할 수 있었다.

2) 블루크로스 · 블루쉴드 성장 배경

블루크로스와 블루쉴드는 비영리 기업이었기 때문에 세제 혜택을 받았으며 보험사가 따라야 하는 규제도 적용되지 않았다. 만일의 대규모 보험금 지급에 대비해 영리 보험사가 갖추어야 할 지불준비금 규제 역시 따를 필요가 없었다. 이러한 제도적 뒷받침은 블루크로스와 블루쉴드 성장의 배경이 되었다.

■ 민간 영리 보험사의 건강보험시장 진출

당초 보험사들은 역선택Adverse selection에 따른 손실을 우려하여 건강보험상품 출시에 적극적이지 않았다. 그러나 블루크로스와 블루쉴드의 성공은 기업들의 우려를 잠재웠고, 건강보험시장의 성장 가능성을 보여주었다.

민간 영리 보험사들은 1940년대 중반부터 적극적으로 건강보험상품을 내놓기 시작하였고, 사업장 단위의 근로자를 대상으로 건강보험상품을 판매하는 전략을 세웠다. 비교적 동질적이고 위험의 예측 가능성이 높은 근로자를 대상으로 보험료를 책정하여 역선택을 줄이고자 한 것이다. 다시 말해, 불특정 다수를 대상으로 건강보험 가입자 풀을 형성한 것이 아니라 건강 수준 등이 유사한 기업 단위로 가입자 풀을 제한하였다. 이러한 사업장 단위 건강보험상품 판매가 보험사의 일반적인 전략이 되면서 자연스럽게 현재의 고용주 제공 민간 건강보험ESI이 주요 건강보험 유형으로 자리 잡았다.

민간 영리 보험사의 건강보험시장 진출이 활성화되면서 블루크로스 · 블루쉴드와의 관계도 역전되었다. 1950년대 초까지는 블루크로스 · 블루쉴드 가입자 수가 민간 영리 보험사 가입자 수보다 많았으나, 1952년 이후에는 민간 영리 보험사의 건강보험상품을 이용하는 사람이 블루크로스 · 블루쉴드 이용자를 상회했다. 자연스럽게 건강보험시장 규모도 비약적으로 커졌는데, 1940년 건강보험에 가입한 사람 수는 2천만 명 수준이었으나 10년이 지난 1950년에는 1억 명을 넘겼다.

2) 주요 이슈
—

2-1) 조세지출로 인한 재정 부담 및 형평성

연방정부는 고용주 제공 건강보험ESI에 대해 과세하지 않는다. 즉,

고용주 제공 건강보험은 연방정부의 조세지출Tax expenditure에 해당하는데, 이는 정부가 받아야 할 세금을 받지 않음으로써 간접적으로 경제적 혜택을 주는 조세 감면을 뜻한다. 고용주가 근로자에게 제공하는 건강보험에 대해 연방정부가 사실상 보조금을 지원하는 셈이다. 평균 임금을 받으면서 고용주 제공 건강보험을 이용하는 근로자는 2021년 기준 1인당 연간 약 7,300달러의 세금 감면을 받은 것으로 나타났다. 고용주와 근로자 모두 임금과는 달리 과세되지 않는 건강보험을 이용할 유인이 크다.

이러한 유인구조 아래 고용주 제공 건강보험에 대한 조세지출은 계속 증가했다. 현재 고용주 제공 건강보험에 대한 조세지출은 미국 연방정부의 조세지출 항목 중 가장 규모가 크다. 의회 예산정책처 Congressional Budget Office에 따르면 2023년 고용주 제공 건강보험에 대한 연방정부 조세지출은 3,480억 달러이다. 같은 해 메디케어와 메디케이드를 모두 합친 예산 1조 4,000억 달러의 4분의 1에 이른다. 의회 예산정책처는 위 조세지출이 2033년 6,860억 달러로 2배 가까지 증가할 것으로 추계했다.

고용주 제공 건강보험에 대한 비과세는 형평성 이슈로 이어진다. 규모가 크고 임금 수준이 높은 직장일수록 고용주가 건강보험을 제공할 가능성이 큰데, 이러한 사람들에게 혜택이 집중되기 때문이다. 200인 이하 사업장에 근무하면서 건강보험을 제공받지 못하는 근로자는 세금 감면의 혜택을 누리기 어렵다. 이처럼 고용주 제공 건강보험에 대한 소득 역진적인 조세지출은 오랜 기간 논쟁 대상이었다.

2-2) 전 국민 건강보험 도입 제약

고용주 제공 건강보험의 높은 이용률은 전 국민 건강보험 도입을 제약한다. 이미 인구의 절반이 직장을 통해 민간 건강보험을 이용하는 상황에서 제3의 건강보험 제도 도입은 정치적으로 쉽지 않기 때문이다. 예를 들어, 65세 이상을 대상으로 한 메디케어 제도를 전 국민에게 확대하여 통합된 단일 건강보험제도를 운영하자는 주장Medicare For All, 메디케어를 모두에게이 있었으나, 이미 직장을 통해 민간 건강보험을 이용하는 중산층의 지지를 얻기 쉽지 않았다.

한편, 고용주 제공 건강보험에 대한 조세 감면을 폐지하고, 그 수입으로 건강보험 사각지대에 있는 사람이 민간 건강보험을 구매할 수 있게 보조금을 지원하자는 개혁안도 있었다. 2008년 미국 대선 후보였던 존 매케인John McCain 공화당 상원의원은 고용주 건강보험에 대한 세제 혜택을 폐지하고, 그 재원으로 개인에게 건강보험 구매에 대한 세액공제Tax credit을 제공하는 안을 제시하였다.

오바마 행정부와 의회는 고용주가 제공하는 건강보험 중 고가의 건강보험High-cost medical plan에 대해 새로운 세금을 부과하여 조세 감면액을 사후 환수하는 안을 내놓았다. 이것은 고가 건강보험 조세High-Cost Plan Tax, HCPT 형태로 2010년 건강보험 적정부담법에 반영되었다. 보험료 수준이 높은 상품을 대상으로 한다는 면이 강조되어, 고가 건강보험 조세는 언론 등에서 '캐딜락 조세Cadillac tax'라고 불리기도 하였다.

그러나 고가 건강보험 조세는 인기가 없었다. 2010년 매사추세츠주 상원의원 보궐선거에서는 예상과 달리 공화당 후보가 당선되었는데,

그 원인 중 하나로 고가 건강보험 조세가 지목되었다. 당시 매사추세츠주 지역 내 노동조합은 건강보험 조세로 인해 직장 건강보험 혜택이 축소될 것을 우려했고, 노조원 가구 여론조사에서 공화당 후보 지지율이 민주당 후보 지지율을 앞서는 것으로 나타났다. 매사추세츠주는 존 F. 케네디 전 대통령의 동생인 에드워드 케네디Edward Kennedy가 50년 가까이 상원의원직에 있었던 전통적 민주당 우세 지역임을 고려하면 여론조사 결과는 이례적인 것이었다. 그만큼 고용주 제공 민간 건강보험에 변화를 가져오는 개혁안은 인기가 없었고, 지지도 받지 못했다. 그 결과 건강보험 적정부담법 상의 고가 건강보험 조세HCPT는 법 제정 이후에도 그 시행이 계속 연기되다가 결국 폐지되었다.

(2) 메디케어Medicare 제도

1) 도입 배경

—

메디케어는 입원 치료, 외래, 약제비 등을 보장하는 각각의 메디케어 하위 프로그램으로 구성된다. 각 하위 프로그램은 재원, 도입 시기 등이 다르고, 보장범위도 제한적이다. 메디케어가 이처럼 각각의 보장 프로그램으로 구성된 이유는 의회에서 개별 의원들이 발의한 3개 법안을 모자이크처럼 모아놓았기 때문이다. 그래서 도입 당시 제도를 '3층 케이크Three-layered cake'라고 불렀다.

미국 의회는 상원과 하원, 그리고 관할이 중첩되는 여러 개의 위원회로 이루어진다. 어느 주체도 우위에 있지 않고, 타협이 불가피한 구조이다. 1960년대 중반 린든 존슨Lyndon Johnson 행정부가 은퇴자와 저소득층을 위한 건강보험 입법을 추진했을 때, 상·하원의원들은 각자의 법안을 쏟아냈다. 외래만 보장하면 된다는 법안도 있었고, 입원 치료가 우선이라는 법안도 있었다. 연방정부의 권한 및 재정 확대를 우려하여 주정부가 주도하는 내용의 법안도 있었다. 메디케어와 그 하위 프로그램, 그리고 메디케이드는 당시 의회에서 백가쟁명식으로 제시된 법안들의 조합이었다. 메디케어가 파트A와 파트B로 나뉜 것도 별개 법안들을 한 제도로 모은 결과였다. 린든 존슨 행정부와 의회는 이상적인 단일 건강보험제도를 고집하다가 아예 제도 도입이 실패하는 것보다는, 완벽하지는 않지만 이루어질 수 있는 변화를 선택했다.

〈표8. 메디케어 제도 하위 프로그램〉

	메디케어 파트A	메디케어 파트B	메디케어 파트c (메디케어 어드벤티지)	메디케어 파트D
보장 대상	· 병원 입원 · 전문 간호시설 입원(Skilled Nursing State) · 호스피스 이용	· 외래 치료 · 예방 서비스 (Preventive services) · 방문 진료(Home health visit)	· 파트A, 파트B 보장항목 · 일반적으로 파트 D 보장항목	· 처방의약품 (Outpatient prescription drug)
전달체계	· 美보건복지부 산하 메디케어센터 (CMS)	· 美보건복지부 산하 메디케어센터 (CMS)	· 연방정부와 계약된 HMO, PPO 형태의 민간 건강보험을 개인이 선택 이용	· 연방정부와 계약된 민간 건강보험을 개인이 직접 선택 이용
재원 방식	· 소득세(2.9%) · 사용자, 근로자 50%씩 부담	· 가입자 보험료 (월평균 170달러, 2022년)	· 가입자 보험료 · 연방정부 재정	· 가입자 보험료 · 연방정부 재정 · 주정부 재정
가입 방식	· 의무가입	· 의무가입	· 선택 가입	· 선택 가입

메디케어 파트A : 입원 치료

메디케어 파트A는 병원 입원에 대한 건강보험이다. 1965년 사회보장법Social Security Act 개정안에 포함되어 메디케어 출범과 함께 시행되었고, 소득세를 재원으로 한다. 세율은 2.9%이며, 사용자가 1.45%, 근로자가 1.45%로 나누어 부담한다.

메디케어 파트B : 외래

메디케어 파트B는 외래진료를 보장한다. 의사의 외래진료, 엑스레이와 같은 검사, 응급 수술 등이 그 대상이다. 파트B는 1965년 파트A와 함께 시행되었음에도 불구하고 재원이 다른데, 이용자는 자신의 소득 수준에 비례한 파트B 보험료를 별도로 납부한다. 보험료 수입으로 파트B 전체 재원의 약 30%를 충당하고, 나머지는 연방정부가 부담한다.

메디케어 파트C : 관리의료체계

메디케어 파트C는 관리의료Managed Care 방식으로 파트A와 파트B가 보장하지 않는 치과 치료 등을 보장한다. 관리의료는 의료 질 목표와 지출 수준 등을 설정하고 일정 범위의 의료공급자를 네트워크로 묶어 의료서비스를 제공하는 방식이다. 이에 따라 파트C 가입자는 매월 정액을 납부하고 의료 이용량과 관계없이 사전에 정해진 보장 프로그램을 이용한다. 파트A, 파트B는 의료 이용량에 연동하여 수가가 지급되는 '행위별 수가Fee for services' 방식이 통상 적용되어 파트C와 차이가 있다.

파트C의 특징 중 하나는 이용자에게 선택권이 있다는 점이다. 파트C 이용자는 다양한 관리의료 프로그램 중에서 자신의 거주지, 질병 상태 등과 적합성이 높은 것을 고를 수 있다. 다만, 파트C를 이용하기 위해서는 메디케어 파트A와 B 모두 가입되어 있어야 한다. 결국은 기존 메디케어 가입자가 추가 금액을 월정액으로 납부하고 파트C를 이용하는 것인데, 전체 메디케어 이용자 중 파트C 이용자는 2008년 19%에서 2022년 48%로 증가하였다. 메디케어 이용자의 절반 가까이 파트 C를 이용하는 셈이다.

메디케어 파트D : 약제비
메디케어 파트D는 의약품 약제비를 보장하는데, 2003년 법제화되어 2006년 시행되었다. 파트A와 파트B 가입은 의무인 반면, 파트D 가입은 선택이다.
파트D의 재원은 파트B와 유사하다. 본인이 부담하는 보험료와 연방정부의 재정 보조로 운영된다. 파트D가 보장하는 약제 유형은 일률적이지 않고, 약제 보장 프로그램은 1천여 종이 넘는다. 메디케어와 계약한 민간 건강보험사는 메디케어 파트D에 해당하는 다양한 종류의 약제 보장 프로그램을 제시하고, 가입자는 자신의 질병 특성, 자주 사용하는 약제를 고려하여 이 중 하나를 선택하여 이용한다.

2) 주요 이슈

—

2-1) 메디케어 파트D '도넛 구멍Donut hole'과 제한된 연방정부

약제비를 보장하는 메디케어 파트D는 보장 금액 범위에 단절이 있다. 이용자가 사용하는 약제비가 특정 금액대에 속하는 경우에만 보장하고, 나머지 금액대에 속한 약제비는 보장하지 않는다.

2015년 기준 메디케어 파트D가 보장하지 않는 '보장 공백구간 Coverage gap phase'은 2,960달러부터 4,700달러까지이다. 개인이 사용한 약제비가 2,960달러 이하인 경우 메디케어 파트D가 75%를 부담하고, 개인은 25%를 부담한다. 만약 중증 질환 등을 이유로 개인이 사용한 약제비가 4,700달러를 초과하는 경우에는 메디케어 파트D가 95%, 개인이 5%를 부담한다. 그런데 특이하게도 2,960달러에서 4,700달러 사이의 약제비는 메디케어 파트D가 보장하지 않고 모두 개인 부담이다.

이러한 약제비 보장 공백구간을 '도넛 구멍Donut hole'이라고 한다. 도넛 중간에 뚫린 구멍 모양을 파트D가 보장하지 않는 약제비 공백에 비유한 것이다. 메디케어의 도넛 구멍은 이용자에게 적지 않은 부담이었으며, 오랜 사회적 이슈였다. 2010년 제정된 건강보험 적정부담법에는 단계적으로 도넛 구멍을 없애는 내용이 담겨 있다.

왜 미국은 모든 범위의 약제비를 보장하지 않고 보장범위에 분절을 두었을까? 그 기저에는 '제한된 연방정부' 관념이 있다. 연방정부 재정 규모가 커지는 것에 대한 뿌리 깊은 경계심은 부시George W. Bush 행정부가 메디케어 파트D를 도입할 때 그 지출 총액을 제한하여야 한다는 생각으로 이어졌다. 당시 논의된 지출 한도는 4,000억 달러였으며, 약제비 보장 공백구간은 그 한도를 지키기 위해 고안된 타협안이었다.

2-2) 메디갭Medigap과 건강보험제도의 지리적 분절

메디케어 파트A와 파트B를 이용할 때는 공제금액Deductible이 있다. 공제금액은 메디케어 이용자가 의료서비스를 이용할 때, 메디케어 보장이 시작되기 전 본인이 부담해야 하는 금액을 말한다. 예를 들어 메디케어 가입자의 의료비가 1월에 500달러, 2월에 2,000달러, 3월에 3,000달러 발생하고, 연간 공제금액이 500달러인 경우를 상정해 보자. 이 경우 공제금액 500달러에 해당하는 의료비 지출은 메디케어가 보장하지 않는다. 따라서 1월 발생한 500달러 의료비는 전액 본인이 부담해야 하고, 메디케어는 공제금액 500달러의 초과분이 발생한 2월분부터 보장한다.

이러한 공제금액, 자기부담금 등을 보장하기 위한 보충적 프로그램으로 메디갭Medigap이 운영된다. 메디케어 이용자의 약 25%가 메디갭을 이용하고 있는데, 그만큼 공제금액, 본인부담금으로 인한 재정 부담이 크다는 의미이다. 다만, 주州를 경계로 메디갭 이용자 비율은 차이가 있다. 2018년 캔자스 주의 메디케어 이용자 중 메디갭 가입 비율은 51%인 반면, 하와이주는 3%에 불과하다. 주마다 메디갭 가입 조건 등이 다르기 때문이다. 메디케어 제도가 지리적으로나 보장항목에 있어 완결적이지 않아 메디갭을 보충적으로 이용하는데, 그 메디갭조차 지역에 따라 이용률 편차가 큰 것은 건강보험제도의 분절성을 심화시킨다.

History of
U.S. health insurance
and
the Constitution

제3장

–

헌법이
건강보험제도에
미친 영향

1 전 국민 건강보험제도 도입의 계속된 실패

2장에서는 미국 건강보험제도의 대표적 특징인 '분절성'을 살펴보았다. 근로 여부, 소득, 연령, 직종 등에 따라 적용되는 건강보험제도가 다르다. 제도마다 운영 주체, 보험청구 방식, 수가체계 등에 차이가 있다 보니 행정비용 지출이 많은 데다, 어느 건강보험제도에도 포함되지 못한 사각지대에 있는 사람들은 의료접근성이 떨어진다. 더불어, 건강보험이 있는 사람에게는 추가적인 보험료를 납부하는 교차보조 문제가, 건강보험이 없는 사람에게는 의료비 부채 문제가, 건강보험에 가입하고 싶은 사람에게는 기저질환으로 인한 역선택 문제가 있다.

위와 같은 문제는 전 국민 건강보험제도를 도입했다면 생겨나지 않았을 것이다. 독일과 영국은 19세기 말에서 20세기 초 각각 노동자 질병 보험법Gesetz uber die Kranken Versicherung der Arbeiter과 국가 보험법National Insurance Act을 제정하고, 이를 구심점으로 전 국민을 포괄하는 건강보험제도를 발전시켜 왔다. 그러나 미국에서는 이런 시도가 계속 실패하였다. 1930년대 루스벨트 행정부는 뉴딜의 일환으로 사회보장법Social Security Act을 제정하면서 전 국민 노령연금 도입과 함께 국가건강보험National Health Insurance을 입법하려고 추진하였으나 실패했다. 닉슨, 클린턴 행정부 등도 건강보험이 없는 사각지대 문제를 해결하기 위해 전 국민 건강보험 입법을 시도하였으나 성공하지 못했다.

미국은 2010년 '환자 보호 및 건강보험 적정부담법Patient Protection and Affordable Care Act, ACA'을 제정·시행하였는데, 이 법으로도 여러 분절된 건강보험제도가 하나로 통합되지는 못했다. 결국 2022년에도 여전히 미국 인구의 약 8%인 2천 6백만 명은 건강보험이 없다. 다만, 건강보험 적정부담법은 모든 개인의 건강보험 구매를 의무화하고 메디케이드 자격 요건을 완화하여 사각지대를 줄이는 등, 기존 건강보험제도에 존재하던 문제들을 개선한 점에서 의의가 있다.

2 '제한된' 건강보험제도로 이어진 헌법의 '제한된 연방정부' 관념

그렇다면 애초에 단일한 건강보험제도를 도입하지 않은 이유, 그리고 건강보험제도를 통합하려는 노력이 계속 실패한 이유는 무엇인가? 그 주요한 이유는 제1장에서 언급한 바와 같이 '미국 헌법이 미국을 그렇게 설계하였기 때문'이다. 미국 헌법은 연방정부가 모든 주와 주민을 아우르는 단일한 건강보험제도를 일시에 도입하는 것을 허용하지 않는다. 분절적이고 '제한된' 건강보험제도만이 가능하다. 다시 말해, 지금의 건강보험체계는 미국 헌법 제약 아래 생겨난 제도적 결과물로서의 성격이 짙다.

(1) 미국 헌법 개괄

1787년 제정된 미국 헌법은 크게 세 부분으로 구성된다. 첫 번째 부분은 7개 조로 되어 있는 연방정부의 설립에 관한 내용이고, 두 번째 부분은 수정헌법 제1조부터 제10조로, 연방정부에 대항하여 개인과 주의 권한을 더욱 분명히 정하는 내용이다. 세 번째 부분은 수정헌법 제11조부터 제27조로, 남북전쟁, 제2차 세계대전과 1960년대를 거치며 시대적 상황을 반영한 조항들이다.

〈표9. 미국 헌법 구성〉

조항	주요 내용	제정 시기
제1조 -입법부-	연방의회 구성과 권한 · 상원(Senate)과 하원(House)으로 연방의회 구성 · 재정, 국방, 통상 등 연방의회 입법 범위	1787년
제2조 -행정부-	대통령 선출과 권한 · 각 주의 선거인의 투표를 통한 대통령 선출 · 육·해군총사령관 지위, 미합중국 관리 임명권 · 연방의회에 보고 의무	
제3조 -사법부-	법원 구성과 권한 · 연방대법원, 하급법원 설치 · 2개 이상의 주 간에 발생하는 쟁송 등 연방법원 관할 범위	
제4조 -주 상호 간 관계-	· 각 주의 시민이 다른 주로 이동할 경우 법적 권리 의무 · 연방과 주 간의 관계	
제5조 -헌법 개정 절차-	· 주의 4분의 3이 동의한 경우 헌법 개정 · 어느 주도 상원에서 투표권을 박탈당하지 아니함	
제6조, 제7조 -헌법의 법적 지위-	· 주법에 대한 연방의회 제정 법률의 지위 · 헌법 비준 요건	

수정헌법 제1조~제10조	· 언론의 자유·무기 소지 권리, 군대의 주택 내 주둔 금지 · 형사 절차 · 재판 과정 등에서 권리 · 연방에 대항한 주와 국민의 권리	1791년
수정헌법 제13조, 제14조	· 노예제도, 강제노역제도 금지(제13조) · 출생 주의 시민권(제14조)	1865년(제13조) 1868년(제14조)
수정헌법 제16조	· 연방의회의 소득세 부과 · 징수 근거 신설	1913년
수정헌법 제17조	· 연방의회의 상원의원 간접선거 폐지, 직접선거 신설	1913년
수정헌법 제18조, 제21조	· 주류 양조 · 판매 · 운송 금지-금주령(제18조) · 수정헌법 제18조 폐기(제21조)	1919년(제18조) 1933년(제21조)
수정헌법 제22조	· 대통령 임기 2회로 제한	1951년
수정헌법 제25조	· 대통령 면직 · 사망 · 사임 시 부통령이 승계	1967년
수정헌법 제27조 (마지막 수정헌법 조항)	· 상하원 의원 세비 인상에 관한 법률은 현직 상하원 에 적용되지 않음	1992년

1) 제1조~제3조 : 연방 입법부-행정부-사법부의 구성과 권한

–

미국 헌법 제1조부터 제3조는 연방의회, 연방 행정부, 연방 사법부의 구성 방법과 권한에 관한 내용을 담고 있다. 제1조는 입법부, 즉 연방의 회의 구성 방법과 권한을, 제2조는 연방 행정부의 구성과 권한을, 제3 조는 최고법원과 하급법원 설치 근거와 사법권 적용 범위를 정한다.

특히, 제3조 사법부에 관한 조항은 미합중국이 주써가 모여 만들어진 연방임을 나타내는데, 먼저 미국 헌법은 주의 자체적인 헌법을 무효화하지 않는다. 미국 헌법 제정 당시 이미 각 주는 고유의 헌법이 있었고, 미국 헌법은 주 헌법의 상위에 있기는 하지만 주 헌법을 부정하지 않는다. 이러한 시각은 연방과 주의 사법 체계에서도 드러난다. 주 법원은 연방법원의 하위 기관이 아니라 분업 관계이다. 연방법원은 서로 다른 주에 사는 시민 간 소송 등 주의 경계를 넘는 법적 다툼을 관할하기 때문이다.

2) 제4조~제7조 : 헌법 개정요건과 주州 상호 간 관계
—

미국 헌법 제4조부터 제7조는 주 상호 간의 관계, 헌법 수정 절차, 헌법의 법적 지위, 헌법 비준 요건 등을 정하고 있다. 특히 헌법 수정 절차와 비준 요건이 주목할 만한데, 연방의회에서 상원과 하원의 3분의 2가 제안한 헌법 수정안은 주 4분의 3의 동의를 얻어야 비준될 수 있다. 헌법 개정을 국민투표가 아닌 주의 의사에 맡기는 것이다. 또한, 헌법은 모든 주의 상원의원 2인 선출을 보장하는데, 제5조는 어떠한 경우라도 각 주의 동의 없이는 어느 주도 이러한 상원에서의 동등한 투표권은 박탈당하지 않는다고 명시하여 주의 권한을 두텁게 보호한다.

3) 수정헌법 제1조~제10조 : 권리장전The Bill of Rights
—

헌법 제정 당시 13개 주에게 연방정부는 필요악이자 경계의 대상이었다. 연방정부 권한을 최소화한다는 관념에 기초하여 헌법을 제정하였지만, 연방정부에 대한 우려와 불안감은 여전했다. 그 결과 1789년 제1대 연방의회에 수정헌법안이 제출되었다. 연방정부에 대항하는 개인과 주의 권리를 규정한 내용으로 '권리장전The Bill of Rights'이라고 불린다. 언론의 자유, 각 주의 군사적 자기 방어권 확보 등을 위한 무기 소지 권리를 비롯하여, 형사 절차에서 개인의 권리 보호를 위한 영장주의, 재판을 받을 권리 등을 규정하고 있다. 수정헌법 10개 조항은 1791년 비준되었는데, 이는 헌법이 주들의 비준을 거쳐 효력을 발휘한 지 불과 2년 만이다. 그만큼 개인과 주의 권리를 보호하기 위한 내용을 헌법에 추가해야 한다는 목소리가 컸다. 참고로, 수정헌법 10개 조는 앞서 연방정부의 권한과 구성 등을 규정한 제1조에서 제7조의 내용은 그대로 두고, 새로운 조항을 덧붙인 형식이다.

주목할 부분은 연방정부에 대항하는 개인과 주의 법적 권리를 나타낸 수정헌법 제10조이다. 제10조는 헌법이 명시적으로 연방정부 권한으로 규정한 것 외에 모든 권리는 주와 개인이 보유한다고 되어 있다. 헌법 제정 당시 연방정부에 의한 권리 침해 우려가 반영된 조항이다. 이 조항은 2012년 건강보험 적정부담법ACA의 위헌 판결 근거가 되기도 했다.

4) 17개 수정헌법

—

1791년 권리장전으로 일컬어진 수정헌법 10개 조항이 도입된 이후, 추가로 17개 수정헌법이 덧붙여졌다. 여러 주의 이해관계가 상충되거나 논쟁적인 조항은 수정헌법에 담기기 어려운데, 전체 주의 4분의 3이 동의해야 헌법 개정이 가능하기 때문이다. 이러한 이유로

17개 수정헌법은 대통령 유고 시 권한 승계, 의원의 세비 지급과 같이 주 간의 이해관계가 얽히지 않은 기술적 내용이 대부분이다.

(2) 미국 헌법의 특징 : 분절화된 의사결정 구조와 상호 견제

  미국 헌법은 연방법률 입법을 비롯한 연방정부의 주요 의사결정이 견제와 균형 속에 이루어지도록 제도적 장치들을 두었다. 앞서 수정헌법 권리장전 조항이 그 예이다. 이와 함께, 미국 헌법은 연방정부 내 의사결정 과정과 권한을 여러 단위로 분산했다. 연방법률의 제정과 집행 권한을 연방의회와 연방 행정부로 분리하고, 연방의회는 다시 상원과 하원으로 나누었다. 이렇게 분절화된 의사결정 구조는 서로를 감시하고 견제하는 동시에, 연방정부의 규모와 영향력 확대를 억제한다.

1) 분절의 차원 ① : 연방과 주정부
–

1-1) 역사적 배경 : 연방주의자–반연방주의자 간 대립
  헌법은 연방정부와 각 주가 서로를 견제하도록 한다. 이는 미국 헌법 제정 과정에서 연방주의자Federalist와 반연방주의자Anti–Federalist 간 대립의 산물이었다. 연방주의자들은 각 주가 과도하게 짊어지게 된 전시 부채와 주를 묶는 공통의 재정기반 부재로 연방이 와해될 것을 우려하여, 강력한 연방정부를 통한 전시 부채 해결과 자본 축적을 통한 상공업 진흥 필요성을 강조하였다. 반면, 반연방주의자는 제한되고 약한 연방정부를 표방하거나, 연방정부 없는 주의 자치를 주장했다. 미국 3대 대통령 토머스 제퍼슨Thomas Jefferson의 생각은 반연방주의자의 시각을 잘 보여주는데, 그는 미국이 각 주의 자치에 기반한 농업국이 되기를 희망했다. 미국 헌법에는 이러한 연방주의자와 반연방주의자 간 긴장 관계와 타협의 결과가 녹아 있다.

1-2) 주요 내용

① 수정헌법 제10조 : 주의 권한 보호

수정헌법 제10조는 연방정부의 과도한 권한을 제한하고 주의 독자성을 지키기 위한 대표적인 조항이다. 앞서 언급한 바와 같이 수정헌법 제10조는 현대 건강보험제도에 직접적인 영향을 미쳤는데, 2010년 건강보험 적정부담법ACA 제정 직후 제기된 위헌 소송에서 수정헌법 제10조가 메디케이드 확대Medicaid expansion 조항의 위헌 판결 근거가 되기도 했다.

해당 조항은 모든 주가 '의무적으로' 메디케이드 확대를 적용하여 전국 공통의 메디케이드 이용자격 기준을 적용해야 한다고 규정했다. 주정부가 이를 채택하지 않으면 메디케이드 예산 중 연방정부 매칭 예산 지원이 중단된다. 그런데 메디케이드는 예산 규모가 커 연방정부 지원 없이는 사실상 운영이 불가능하기 때문에, 위헌 소송을 제기한 측은 연방정부가 메디케이드 매칭 예산 지원을 조건으로 사실상 메디케이드 확대를 모든 주에 강제하고 그 자율성을 침해하였다고 주장했다.

연방대법원은 이를 받아들여 건강보험 적정부담법이 메디케이드 확대를 모든 주에 의무화한 것은 연방정부의 주정부에 대한 '강요Coercion'에 해당하고, 수정헌법 제10조 위반이라고 판시하였다. 아래는 수정헌법 제10조 내용이다.

'The powers not delegated to the United States by the Constitution, nor prohibited by it to the States, are preserved to the States respectively, or to the people(본 헌법이 연방정부에 위임하지 않았거나, 각 주정부에 금지하지 않은 권한은 각 주정부나 시민이 보유한다).'

연방대법원 판결로 인해 메디케이드 확대 여부는 각 주정부의 선택이 되었다. 18세기 말 연방정부를 견제하기 위해 만들어진 조항이 21세기 입법 내용과 건강보험제도를 바꾼 것이다.

〈표10. 연방정부 군대에 대한 통제와 수정헌법 제2조〉

수정헌법 제10조가 법적인 면에서 연방정부에 대항한 주와 개인의 권리를 보호한 것이라면, 군사적 측면의 보호 장치도 헌법에 포함되어 있다. 먼저, 헌법은 새롭게 창설된 연방정부 육군과 해군을 통제하기 위해 군대의 '배치권'과 '통수권'을 각각 연방의회와 연방 행정부로 분리했다. 다시 말해, 대통령은 연방 군대에 대한 통수권은 있으나, 그 배치권은 없다. 여기에 더해, 헌법 제1조 제8항 12호는 육군의 운영 경비 지출 기한을 2년으로 제한한다. 각 주에 위협이 될 수도 있는 육군의 재원을 상원과 하원에서 2년마다 재검토하도록 한 것이다. 결과적으로 연방 행정부와 연방의회 어느 쪽도 군에 대한 완결적 권한을 갖지 못한다. 현대에서는 실질적 의미가 크지 않은 조항이나, 헌법 제정 당시 각 주에 위협이 될 수 있는 연방정부의 군사력에 대한 경계심을 보여주는 대목이다.

연방정부 군대의 배치권과 통수권을 분리하는 것에 더해, 수정헌법 제2조는 각 주의 안보를 위해 무장할 수 있는 권리를 명시한다. 미국에서 개인이 총기를 소지할 수 있는 근거로 많이 알려진 조항이기도 하다.

A Well regulated Militia, being necessary to the security of a free State, the right of the people to keep and bear Arms, shall not be infringed(규율이 잘 서 있는 민병대는 자유로운 주 안보에 필수적이므로, 무기를 소지하고 휴대할 수 있는 국민의 권리를 침해해선 안 된다).

② 헌법 제5조 : 주별 의사에 따른 헌법 개정

헌법 제5조는 전체 주 가운데 4분의 3이 동의해야 헌법 개정이 가능하도록 규정하고 있다. 국민의 의사가 아닌 주의 의사를 묻고 있다는 점에서 미국이 주들이 모여 만들어진 연방제 국가이고, 주의 의사가 연방의 주요 의사결정을 좌우함을 잘 보여준다.

주 대부분의 동의를 이끌어 내는 것이 어렵기 때문에, 1950년대 이후 비준된 수정헌법과 같이 주 간의 특별한 대립이 없는 기술적인 내용을 제외하고는 헌법을 수정하기 매우 어렵다. 제정 직후 추가된 수정헌법 10개 조항, 금주령 관련 조항, 1950년 이후 추가된 행정부 등 구성에 관한 기술적인 내용 조항 6개를 제외하면 헌법 개정 횟수는 지난 250여 년 동안 7차례에 불과하다.

바꾸기 어려운 헌법은 18세기 헌법을 만든 주 대표들의 의도이기도 하다. 헌법이 쉽사리 개정되어 주의 권리를 침해하는 것을 우려했기 때문이다. 연방정부를 창설하되 그 권한을 제한하고, 주의 권익을 보호하는 제정 헌법의 내용이 그대로 지켜지기를 바란 것이다. 결과적으로 헌법이 제정되고 250여 년이 지난 현재까지도 그들의 의도대로 18세기 제정 헌법 대부분의 내용이 유지되고 있다. 미국이 대륙 유럽에 비해 역사는 짧지만, 헌법에 있어서는 가장 오랜 역사를 가진 나라 중 하나가 된 배경 중 하나이다.

〈표11. 바꾸기 어려운 미국 헌법과 남북전쟁, 그리고 수정헌법 제13조, 제14조〉

주 간의 대립이 큰 사안은 수정헌법에 담기기 어렵다. 주 4분의 3의 동의를 요하는 헌법 개정요건 때문이다. 그 대표적인 예가 노예제 폐지와 관련한 헌법 개정이다. 상공업 중심의 북부 주와 노예 노동력을 필요로 한 당시 남부 주는 노예제를 둘러싸고 이해관계가 첨예했고, 노예제 찬반 중 어느 한쪽으로 주 4분의 3의 의견을 모으는 것은 어려웠다. 남은 방법은 물리적 충돌을 통한 해결이었다. 4년에 걸친 남북전쟁American Civil War과 연방 분열 위기를 거치고서야 노예제는

폐지되었다. 남북전쟁의 결과물이 수정헌법 제13조1865년 비준와
제14조1868년 비준이다.

수정헌법 제13조는 연방정부에 속하는 그 어떤 장소에서도
노예제도가 존재할 수 없다고 명시한다. 제13조에 따라 해방된
노예에게 어디까지 시민권을 부여할 것인가를 결정해야 했다.
수정헌법 제14조는 그에 대한 답이다. 제14조는 귀화하거나
미합중국에서 태어난 사람 모두가 시민이라고 기술하고 있다.

미국과 같이 오로지 출생 여부 만을 기준으로 시민권을 부여하는
경우는 많지 않으며, 부모의 국적, 거주 기간 등을 요건으로 하는 경우가
현대 국가에서 일반적이다. 오로지 속지주의 원칙만을 적용하여 국적을
부여하는 미국의 예외적인 방식은 19세기 남북전쟁과 헌법 개정을
배경으로 한다.

③ 헌법 제2조 제1항 : 주州 선거인단을 통한 대통령 선출

우리나라는 대통령 선출 시 모든 국민이 직접 투표를 하지만, 미
국 헌법은 주의 선거인단Electoral college에 의해 대통령을 선출하도록 규
정하고 있다. 이것은 각 주의 권리를 위한 것으로, 대통령이 각 주가 모여
구성하는 연방의 대표로서 활동해야 한다는 취지를 반영한다. 각 주의
상·하원 의석수를 합한 만큼의 선거인단을 통해 선출된 대통령은 연방
의 대표로서 각 주의 입장을 고려하여 행정권을 행사할 수밖에 없다.

대통령 선출방식의 변경은 지금까지 여러 번 수정안이 제출되었지
만, 실제 개정으로 이어지지는 못했다. 주의 선거인단 투표 대신 국민
직접 투표를 통해 대통령을 선출한다면, 각 주의 영향력은 약화될 것이

다. 헌법 개정 조건이 50개 주의 4분의 3 동의인 점을 고려할 때, 주의 권한을 축소하는 국민 직접 투표 방식의로의 개헌은 실현되기 어렵다.

2) 분절의 차원 ② : 연방의회와 연방 행정부

—

헌법은 의회와 행정부의 인적 구성원을 완전히 분리한다. 행정부 각부 장관은 의회의 상원이나 하원의원이 될 수 없다. 반대로 의회의 상·하원 의원은 행정부에 참여할 수 없다. 헌법 제1조 제6절 제2항은 '미국의 공직에 있는 자는 재직 기간 중에 양원의 어느 의원도 맡을 수 없다.'고 명시하고 있다.

인적 구성원의 분리는 입법부와 행정부의 의사결정이 완전히 나누어져 있음을 의미한다. 부통령과 상원 간의 관계에서 이러한 모습이 잘 나타나는데, 제1장 제3절 제4항은 부통령이 의회 상원의 의장이 된다고 규정하고 있다. 그러나 이어서, 표결상 찬반이 같은 수일 때를 제외하면 투표권이 없다고 되어 있다. 부통령이 상원에 속하되, 상원 의사결정에서는 원칙적으로 배제되는 것이다.

3) 분절의 차원 ③ : 상원과 하원

—

3-1) 상하원 선출과 구성

미국 의회는 상원과 하원으로 구성된 양원제이다. 상원은 주의 대표로, 50개 주가 각각 2명의 상원의원을 선출하므로 총 1백 명의 상원의원이 있다. 인구가 4천만 명에 가까운 캘리포니아주와 백만 명 수준인 로드아일랜드주 모두 상원에서 차지하는 비중은 같은데, 이는 상원의 의사결정 과정에서 인구와 무관하게 각 주가 같은 비중의 목소리를 낸다는 의미이다. 반면, 하원은 미국 전체를 대표하고, 총 4백 35명으로 각 주는 인구비례에 따라 하원의원 수가 다르다. 헌법은 상원과 하원 모두에 법률 발의권과 의결권을 부여하지만, 세입 징수에 관한 법률안만은 국민 전체를 대표하는 하원에서 먼저 발의되어야 한다고 명시하고 있다.

상원과 하원은 선거 주기가 다른데 하원의원의 임기는 2년, 상원의원의 임기는 6년이다. 따라서 하원은 2년마다 모든 의원이 새로 선거를 치른다. 상원은 전체 1백 명을 3개 조로 나누어 3분의 1씩 2년 주기로 선거를 치른다. 이는 상원 개인의 임기가 6년이더라도 하원과 보조를 맞추어 상원의원 일부가 2년마다 계속 교체될 수 있도록 한 것이다.

3-2) 상하원 의사 진행방식 차이

하원은 하원의장Speaker of the House의 권한이 크다. 어떤 법안을 어떤 순서로 상정하여 표결할지 하원의장이 결정하고, 표 결집 역시 하원의장을 중심으로 이루어진다. 하원의장직은 대통령, 부통령에 이어 헌법상 정부 서열 세 번째이기도 하다. 반면에 개별 하원의원은 의사 진행 등에 있어 자율성이 크지 않고, 고정석도 없이 본회의장에 입장하는 순서대로 앉는다.

이와 대조적으로 상원은 개별 의원의 자유도가 크다. 상원의원 개

개인이 판단하여 의안을 상정하고, 본회의장에 지정석이 있으며, 발언 시간 제약이 없다. 상원에서 찬성이 59표 이하이면 합법적 수단을 동원해 의사 진행을 지연시키는 필리버스터Filibuster도 가능하다. 다시 말해, 한 주州라도 법안에 반대하면, 그 법안은 상원을 통과하기 어렵다. 상원의장직은 부통령이 맡는데, 이는 상징적인 자리로 찬반이 같은 수일 때를 제외하면 상원의장에게는 투표권이 없다.

(3) 미국 헌법이 건강보험제도에 미친 영향

건강보험제도가 현재의 모습으로 변화해 온 이유는 미국 헌법과 결부되어 있다. '제한된 연방정부' 관념에서 비롯된 헌법상 분절적 입법구조는 지난 한 세기 동안 건강보험 개혁입법 가능성을 결정하는 제약조건이었다.

1) 연방정부 재정 부담과 '제한된 연방정부'
—

미국 헌법은 연방정부 역할이 제한되어야 한다는 인식을 기반으로 제정되었다. 헌법이 제정된 18세기 당시 영국으로부터 독립한 13개 식민지는 주州에 각각 주권이 있다고 생각했다. 연방정부는 필요악이자, 주의 독자성을 침해할 우려가 있는 경계의 대상이었다. 자연스럽게 13개 주 대표들이 만든 미국 헌법에는 연방정부가 제한되어야 한다는 관념이 녹아들었다.

〈표12. 헌법이 '제한된 연방정부'를 택한 역사적 · 이론적 배경〉

(1) 역사적 배경 : 영국과의 독립전쟁, 강력한 중앙 정치체에 대한 거부감

　미국은 1770년대 중반 영국과 독립전쟁을 치르고, 1776년 독립선언을 하였다. 독립전쟁의 배경 중 하나는 영국의 조세정책이었다. 영국은 1765년 13개 식민지에 인지세법을 시행했는데, 인지세는 미국 내 출판물, 증명서 등을 대상으로 한 내국세였다. 그때까지 미국 물품에 관세를 부과한 경우는 있었지만, 자국민을 대상으로 한 내국세를 부과한 경우는 처음이었다. 내국세 징수에 대해 식민지의 불만은 점점 커졌고, '대표 없는 과세 없다No taxation without representation.'라는 원칙하에 13개 식민지는 영국 의회에 식민지 대표 파견을 요구했다. 논란 끝에 결국 인지세법은 1년 만에 폐지되지만 당시 영국 왕 조지 3세의 독단적 조세정책에 대한 불만은 독립전쟁으로 이어졌다.

　영국으로부터 독립 이후에도 하나의 국가로서의 정체성은 희박했다. 영국 왕정에 대한 불만으로 전쟁까지 치렀지만, 구심력 강한 중앙의 정치체를 구성하는 것은 쉽지 않았다. 독립 이후 13개 식민지는 13개 주가 되었지만, 각기 주권을 갖는 하나의 독립국가로 행동하였다. 아메리카연합은 13개 주의 형식적 회의체에 불과했고 행정권 및 사법권이 없었다. 연합회의에 과세 입법권이 없었기 때문에 공동의 재정기반도 부재했다. 아메리카연합회의가 강력한 힘을 가지게 되어 각 주의 이익을 침해하는 것을 우려한 것이 그 주된 배경이었다.

　미국 헌법은 헌법 제정자들이 연방정부를 바라보는 시각을 잘 나타낸다. 만약 헌법이 연방정부에 의한 구심력 강한 행정 체제를 상정하였다면 행정부의 구성과 운영 방식을 자세히 정했을 것이다. 그러나 헌법에는 대통령의 행정부 관료에 대한 임명권 정도만 정하고 있을 뿐, 행정 각부의 설치와 조직에 관한 내용은 없다. 반면, 헌법 제2조는 대통령이 조약을 체결하거나 외교 대사, 최고법원 법관 등을 임명할 때는 각 주의 대표로 구성된 상원의 권고와 동의를 얻어야 한다고 그 절차를 구체적으로 규정하고 있다. 연방정부의 행정권 행사의 중심인 내각에 대해서는 다루지 않으면서, 주 대표인 상원의 대통령에 대한 자문 권한은 구체적으로 정하고 있는 것이다.

(2) 이론적 배경 : 대표체와 중앙 행정주체 형성의 선후 관계

유럽은 근대헌법 제정 이전에 이미 중앙 행정주체가 존재했다. 현대 프랑스가 있기 전에 프랑크 왕국이 있었고, 루이 14세로 대표되는 절대 왕조가 있었다. 독일 역시 절대주의를 확립한 프리드리히 1, 2세로 대표되는 프로이센이 15세기 이전부터 존재했다. 이런 전근대 국가들은 주변 국가와 군사적으로 경쟁하는 경우가 많았기 때문에 상비군이 필요했고, 상비군 재원확보를 위해 조세체계를 구축했다. 또, 상비군 확보를 위한 인력과 물자 동원 과정에서 지방의 권한이 상대적으로 약화되었다. 영국의 경우 지방영주가 수도 런던이 수직적으로 관리하는 행정단위로 편입되어 가기도 했다. 결국 상비군, 조세체계, 수도를 중심으로 한 중앙의 정치행정적 권한 강화가 얽히면서 중앙의 정부와 관료제가 일찍이 자리 잡았다.

이후, 시민혁명1789년 등을 거치며 헌법이 제정되었다. 이 시기 헌법을 통해 절대 왕조에서 입헌군주국으로 변화하는 경우가 많았는데, 시민혁명 이후 1791년 프랑스 최초의 헌법이 제정되었다. 프랑스 헌법은 국왕을 국가 관료의 한 사람으로 규정하고, 그 지위와 권한을 헌법 아래에 두었다.

미국은 유럽과 반대로 헌법이 제정될 때까지 아무런 중앙 행정주체가 없었다. 반면 각 지역, 즉 13개 식민지는 대표체를

구성했다. 영국의 과도한 조세징수에 반발하여 식민지 대표들은
18세기 말 대륙회의를 만들었고, 독립전쟁 이후 아메리카연합이
구성되고 13개 주로 이루어진 연합회의가 생겨났다. 13개 식민지를
아우르는 행정권과 행정조직은 부재한 상황에서 각 식민지의 대표들로
구성된 회의가 먼저 생겨난 것이다.

이러한 관념은 연방정부가 공공정책에 대해 개입을 최소화하는
경향과 맥을 같이한다. 1930년대 뉴딜 시기를 거치면서 연방정부가
이끌어 가는 전국 단위의 공공근로 프로그램, 재정 개혁, 산업 정책
등의 중요도가 커졌고, 이로 인해 연방정부의 역할과 재정 규모가 크
게 확대되었지만, 주의 자율성을 중요시하는 시각은 여전히 공고했
다. 대표적으로 대공황 시기 실업 프로그램의 지원 기준, 집행 방식
등은 전국 일률적이지 않고 주를 경계로 달랐는데, 이것은 주가 결정
권을 갖도록 한 의도적 선택이었다. 1935년 도입된 저소득 가정 아
동 지원 프로그램Aid to Families with Dependent Children, AFDC 역시 마찬가
지로 각 주가 구체적인 자격요건과 지원 내용을 정하도록 했다. 대공
황 시기 1935년 사회보장법Social Security Act에 포함되었던 프로그램
중 연방이 전국 단일 기준을 적용하여 운영한 것은 노령연금Old-age
insurance이 유일하다.

같은 맥락에서 미국의 사회복지지출 특성이 주목할 만하다. 미국

은 국내총생산 대비 공공 사회복지지Public Social Expenditure, 즉 노인, 보건, 주거, 실업 분야에서 소득 재분배를 목적으로 한 정부의 직접 지출Direct government spending 비중이 낮은 나라이다. 경제협력개발기구OECD 회원국 평균 수준에 불과하다.

이와 대조적으로, 미국의 민간사회복지지출Private Social Expenditure 은 회원국 최상위 수준이다. 2020년 기준 12.8%로 경제협력개발기구 회원국 중 2위이다. 이는 연방·주정부가 아닌 기업이나 비정부기구 등 민간에 의한 사회복지지출 규모와 비중이 크다는 의미이다. 민간 영역의 기부 역시 활성화되어 있다. 영국의 자선 원조 재단 Charities Aid Foundation에 따르면 2016년 국내총생산 대비 개인 기부액 비율은 미국이 1.44%를 기록했다. 프랑스 0.11%, 스웨덴 0.16%, 독일 0.17%의 10배 수준이다.

〈표13. 제한된 연방정부 관념을 보여주는 사례〉

All of us need to be reminded that the Federal Government did not create the State; the State created the Federal Government(연방정부가 국가(미국)를 만든 것이 아니란 점을 인식해야 합니다. 국가(미국)가 연방정부를 만들었습니다).

앞서 제1장에서 국가로서 미국과 연방정부를 구분한 로널드 레이건Ronald Reagan 미국 40대 대통령의 1981년 취임 연설 중 일부이다. 연설 밑바탕에는 연방정부는 제한되어야 한다는 인식이 깔려 있다. 아래는 제한된 연방정부 관념을 보여주는 사례이다.

(1) 멈출 수도 있는 연방정부

의회에서 공화당과 민주당 간 예산 합의가 이루어지지 못하거나, 대통령이 예산안을 거부하는 경우 연방정부 운영이 중단되기도 한다. 예를 들어 클린턴Clinton 행정부 시기 1995년에서 1996년 총 26일간 연방정부 운영이 정지되었다. 국립공원 등이 운영을 중단하고, 필수분야 공무원이 아닌 경우 유급휴가에 들어갔다. 오바마Obama 행정부 시기인 2013년에는 건강보험 적정부담법ACA 집행을 둘러싼 양당 간 갈등으로 16일간 연방정부 운영이 중단되었다. 트럼프Trump 행정부 시기에는 미국과 멕시코 국경 장벽 설치 예산을 둘러싼 갈등으로 역사상 가장 긴 35일간 연방정부 운영이 멈추기도 했다.

참고로, 빌 클린턴Bill Clinton 대통령은 1993년 취임 연설에서 막대한 재정적자를 줄여야 함을 강조"We must invest more in our own people, in their jobs, in their future, and at the same time cut our massive debt."하였다. 실제로 클린턴 행정부 후반인 1998년부터 2000년까지 연방 행정부는 1969년 이후 처음으로 재정 흑자를 기록하였다. 프랭클린 루스벨트Franklin Roosevelt는 1932년 10월 피츠버그에서의 대통령 선거 유세에서 당시 후버Hoover 행정부가 재정을 과다 지출하였다고 지적하며, 자신이 당선되면 정부 지출을 25% 줄이겠다고 언급하기도 하였다.

(2) 주정부의 연방정부 개입 거부와 텍사스주 정전사태

2021년 2월 텍사스에서 대규모 정전사태가 일어났다. 텍사스주는 미국 50개 주 가운데 가장 발전량이 많은데도 북극발 한파로 인해 200여만 가구가 정전사태를 겪었다. 주목할 점은 텍사스주 인근 다른 주들은 정전사태를 겪지 않았다는 것이다. 이들은 다른 주에서 남는 전력을 끌어와 대응했던 반면, 텍사스주는 인근 주와 달리 전력을 빌려오지 못했다.

텍사스주가 인근 주의 전력을 빌려오지 못한 이유 중 하나는 연방 전력망에 속해 있지 않았기 때문이다. 미국은 연방정부 관할 아래 여러 주를 포괄하는 전력망을 갖추고, 특정 주가 전력이 부족하면 다른 주의 잉여 전력을 공유한다. 다만, 연방정부 관할 전력망에 포함될 경우 연방 에너지 규제위원회Federal Energy Regulatory Commission의 규제와 에너지 거래 감독을 받아야 한다. 텍사스주는 연방정부로부터 독립하여 에너지 정책에 있어 독자성을 유지하기 위해 연방 전략망 밖에 있는 것을 선택하였다.

참고로, 인구가 3천만 명에 이르는 텍사스주는 개별 국가라고 볼 수 있을 정도로 경제 규모가 크다. 2023년 기준 텍사스 국내총생산은 2조 3,500억 달러 수준으로 러시아보다 크고, 프랑스와 유사하다. 역사적으로도, 투쟁을 거쳐 멕시코로부터 독립하고 이후 미국에 합병되어, 다른 주들과 출발점이 다르며 독자성을 추구하는 성향이 강하다.

지금까지 살펴본 바와 같이 미국은 헌법의 '제한된 연방정부' 관념 아래 연방정부 역할이 어디까지 확대되는 것이 바람직한지 오랜 시간 고민해 왔다. 건강보험제도를 둘러싼 반복된 논쟁 역시 건강보험을 연방정부가 직접 제공하는 것이 정당한지, 건강보험시장에 연방정부가 어느 정도 개입하는 것이 적절한지에 관한 것이었다. 건강보험 사각지대를 줄이고 더 많은 사람이 건강보험을 이용하도록 하는 것에는 의회 구성원 대부분이 동의한다. 그러나 그 일을 연방정부가 직접 해야 하는지에 대해서는 생각이 다르다.

일반적으로 공화당은 연방정부 조직과 예산을 늘려 건강보험시장에 직접 개입하는 것을 경계하므로, 세액공제 등을 통해 민간 건강보험 확대를 간접적으로 유도하자는 입장이다. 건강보험이 없는 사람들이 시장에서 자기 상황에 적합한 건강보험상품을 선택하도록 하고, 그 비용을 간접적으로 지원하자는 것이다. 반면 민주당은 연방정부 재정 증가에 상대적으로 우호적이다.

단일보험 도입안인 '누구에게나 메디케어를Medicare for All'에 관한 논쟁이 대표적 사례이다. 이 개혁안은 65세 이상만 이용 가능한 메디케어 적용 대상을 전 국민으로 넓혀 건강보험 사각지대를 없애고, 누구나 건강보험을 이용할 수 있도록 하자는 내용이다. 메디케어는 연방정부 재정과 조직으로 운영되기 때문에 메디케어 확대 시 연방정부 재정 증가는 불가피하다. 따라서 연방정부 확대를 경계하는 사람들은 이 안을 받아들이기 어렵다. 실제로 공화당은 물론, 민주당에서도 연방정부 재정 건전성에 민감한 의원들은 메디케어 확대를 통한 단일보험 제도 도입에 부정적이었다. 2010년 건강보험 적정부담법ACA 논의 과정에서 연방정부 재정적자 확대를 우려하는 민주당 내 블루독 연합Blue Dog Democrats은 단일보험 도입을 공식적으로 반대하기도 했다.

2) 건강보험 개혁입법에 대한 상원의 영향력
—

제한된 연방정부 관념은 연방정부의 권한 역시 제한적으로 사용되어야 한다는 생각으로 이어졌다. 미국 헌법은 연방정부의 가장 큰 권한인 입법권이 신중히 행사되도록 하고, 모든 주를 직접 구속하는 연방법이 연방정부와 주州 간 상호 견제하에서 제정·집행되도록 통제 장치를 두었다.

특히, 헌법은 상원을 통해 주가 연방정부를 견제할 수 있도록 상원의 지위와 권한을 특별히 규정했다. 상원의원들은 1백 명에 불과하지만 한 명의 표결권이 큰데, 이는 상원에서 찬성이 59표 이하이면 무제한 필리버스터가 가능하기 때문이다. 이 경우 과반수가 찬성하였더라도 법안 의결은 불가능하다.

필리버스터 제도는 상원 의결 과정에서 개별 주의 발언권을 극대화하기 위해 고안된 장치로 볼 수 있다. 상원의원은 주의 대표이므로, 단 하나의 주라도 상원 전체의 법안 의결을 막을 수 있도록 보장한 것이다. 다시 말해, 건강보험 개혁안과 같이 논쟁적이고 파급력이 강한 법안은 필리버스터 가능성이 높아 상원을 통과하기 어렵다. 실제 상원의회는 1960년대 이후 건강보험 개혁입법의 성패를 가르는 결정적 관문이 되어왔다. 2010년 건강보험 적정부담법ACA의 의회 입법과정에서 법안에 회의적인 2명의 무소속 상원의원으로 인해 입법안 전체가 좌초 위기에 처했고, 2017년 건강보험 적정부담법 폐지 입법 또한 상원에서 3개 주의 반대표로 인해 성사되지 못했다.

3) 상·하원 선거 주기와 건강보험 개혁입법 시간 제약
—

앞서 하원의원의 선거는 2년마다, 상원의원의 선거는 총 1백 명이 3분의 1씩 2년마다 치른다는 점을 살펴보았다. 그런데 미국 대통령의 임기는 4년이므로, 상·하원 선거 주기에 따라 모든 대통령은 임기 2년 차 11월에 상·하원 선거를 맞게 된다. 이를 '중간선거Mid-term election'라고 한다. 예를 들어, N년도 11월에 대통령 선거 및 의원 선거가 치러지면 대통령, 하원의원 전체와 상원의원의 3분의 1이 선출되고, 2년 후 11월에 다시 하원의원 전체, 상원의원 3분의 1이 선거를 치르는 것이다. 그러면 중간선거 이후에는 상·하원의 정당 간 의석 분포가 변화하고, 이에 따라 주요 정책의 입법 가능성도 달라진다.

중간선거는 건강보험 개혁입법의 성패를 좌우하는 경우가 많았다. 1993년 출범 당시 의료보장법Health Security Act 입법을 통해 건강보험제도 개혁을 추진한 민주당 클린턴Clinton 행정부는 임기 3년 차 중간선거를 거치며 입법 동력을 잃었다. 중간선거 이후 상·하원에서 야당인 공화당이 다수당이 되었기 때문이다. 이보다 앞서 트루먼Truman 행정부 역시 1946년 중간선거 이후 전 국민 건강보험제도 도입을 추진하지 못했다.

4) 입법 성패를 좌우하는 일부 주의 과다 대표
—

상원에서는 법안에 대한 의결 시 찬성이 59표 이하이면 모든 상원의원은 제한 없이 필리버스터를 할 수 있고, 찬성이 60표 이상이면 의결이 가능하다. 이 찬성하는 60인을 '절대 과반Super majority'이라고 한다. 절대 과반 규칙은 역설적으로 개별 상원의원의 목소리를 더 크게 만드는데, 왜냐하면 미국의 선거 지형상 공화당·민주당 모두 어느 한 당의 의석수 만으로 60표를 확보하기는 쉽지 않기 때문이다. 결국, 60표를 확보하기 위해서는 무소속 의원이나 다른 당의 찬성표를 이끌어 내야 한다.

2010년 건강보험 적정부담법 입법에서도 찬성 60표를 확보하기 위해 2명의 무소속 상원의원, 조 리버만Joe Liberman, 코네티컷주과 버니 샌더스Burnie Sanders, 버몬트주의 지지가 필요했다. 백악관과 의회 주요 인사들이 두 의원을 설득하기 위해 수시로 의원실을 방문하고, 두 주州의 요구사항을 상원 법안에 예외적으로 반영하기도 했다.

결국 절대 과반 규칙은 상원에서 개별 주가 과다 대표되는 경향을 야기한다고 볼 수 있는데, 건강보험 적정부담법만 보더라도 코네티컷주와 버몬트주의 이해관계가 다른 주에 비해 상대적으로 법안에 크게 반영되었다. 이는 인구 규모와 관계없이 각 주의 목소리가 입법과정에 충실히 반영되도록 한 헌법의 의도이기도 하다.

〈표14. 상원의원 개인의 정책 전문성과 입법과정에서 영향력〉

오랜 기간 축적한 의원 개인의 정책 전문성도 입법과정에서 상원의 영향력을 크게 한다. 조 바이든Joe Biden은 1973년부터 2009년까지 36년, 존 F. 케네디 대통령의 동생 에드워드 케네디Edward Kennedy는 1962년부터 2009년까지 47년간 상원의원직을 수행했다. 조 바이든은 외교정책, 에드워드 케네디는 보건의료정책 분야에 오랫동안 몸담아 왔고, 특히 에드워드 케네디는 상원 보건위원회 위원장으로 오랜 기간 활동하면서 닉슨Nixon 행정부와 공동으로 건강보험 개혁법안 입법을 추진하기도 했다. 행정부 임기는 최장 8년인데 반해, 이들 상원의원은 한 세대 넘게 의회에서 활동하며 건강보험정책을 포함한 공공정책 여러 분야에서 전문성과 입법 자산을 쌓은 것이다. 결국 이들의 의견과 선호가 건강보험제도의 모습과 입법 성패를 결정짓는 경우가 많았다. 실제 클린턴Clinton 행정부의 건강보험 개혁안은 오랜 기간 건강보험정책을 다룬 상원의원들의 지지를 얻는 데 어려움을 겪었고, 상원 입법 문턱을 넘지 못했다.

3 미국 내 헌법의 위상

　미국 헌법 제2조에 명시된 대통령 취임선서문은 '나는 합중국 대통령의 직무를 충실히 수행하며, 최선을 다하여 헌법을 보전하고 보호할 것Preserve, protect, and defend the Constitution을 엄숙히 선서합니다.' 라고 되어 있다. 즉, '국가'가 아닌, '헌법'이 보전과 보호의 대상이다. 참고로 대한민국 헌법 제69조는 '나는 헌법을 준수하고 국가를 보위하며 … 대통령으로서의 직책을 성실히 수행할 것을 국민 앞에 엄숙히 선서합니다.'로 쓰여 있어 헌법과 국가를 구분한다.

　미국 해군사관학교도 유사하다. 사관학교 벽 출입구에는 '우리는 미합중국 헌법을 수호한다We serve and protect the Constitution of the United States of America.'라고 적혀 있다. '국가'라는 단어가 없다.

연방정부의 적정한 역할과 규모에 대해서는 끊임없이 논쟁하지만, 미국에서 헌법에 대한 신뢰는 절대적이다. 건국 당시부터 '국가'보다는 '헌법'을 중심으로 정체성을 형성하였다. 공화당과 민주당 간정책을 둘러싼 논쟁은 있어도, 게임의 규칙으로서 헌법에 대한 믿음은 굳건하다. 관념적 신뢰뿐만 아니라 물리적 실체로서 헌법의 상징성도 크다. 워싱턴 D.C.에 소재한 내셔널 아카이브National Archive 박물관은 내부 3층 높이 원형 홀에 헌법 원본을 전시하고 있다. 원본문서 말미에는 13개 주 대표들이 1787년에 실제 서명한 이름들이남아 있다. 여름 휴가 기간 원형 홀 앞 줄을 지어 헌법 원본을 살펴보는 관광객들을 심심치 않게 볼 수 있다. 자신들의 헌법 원본을 보기위해 줄을 선, 세계 어느 국가에서도 보기 드문 광경이다.

내셔널 아카이브 로툰다 홀Rotunda for the Charters of Freedom

History of
U.S. health insurance
and
the Constitution

제4장

–

헌법과
전 국민 건강보험
입법의 역사

① 20세기 건강보험개혁의 모습을 결정지은 18세기 헌법

(1) 18세기 : 연방정부에 대한 의구심과 헌법 제정

영국에 대항해 독립전쟁을 함께 겪고 필라델피아에 모인 13개 주 대표들은 1787년 9월 17일 헌법 제정안에 합의했다. 당초 대표들은 헌법 제정 의도 없이 13개 주를 묶었던 엉성한 연합규약을 보완하기 위해 필라델피아에 모였으나, 버지니아주 대표로 참석한 제임스 매디슨James Madison이 자신의 헌법 초안을 제안하면서 제헌 회의로 발전하였다.

제임스 매디슨의 초안을 토대로 약 4개월간 토론과 협상이 이루어졌다. 13개 주의 생각은 서로 달랐는데, 강력한 중앙정부인 연방정부가 필요하다는 시각부터 연방정부 성립 자체에 의문을 갖는 시각까지 그 간극이 컸다. 그럼에도 불구하고 13개 주가 헌법 제정안을 도출할 수 있었던 이유는 각 주의 비준이 있어야만 제정안이 효력을 갖기 때문이었다. 헌법 제정안에 마음에 들지 않으면 각 주로 돌아간 후 비준하지 않으면 되기 때문에 이들은 헌법 제정안을 합의하는 데 부담이 적었다.

헌법 제정안이 도출된 지 열흘 만에 헌법에 반대하는 목소리가 언론에 등장했다. 반연방주의자Anti-Federalist 일부는 헌법과 연방정부 모두 불필요하다고 주장했다. 그러자 연방정부의 결성과 헌법 비준 필요성을 설득하기 위해 1787년 10월부터 다음 해 8월까지 뉴욕주 신문에 '연방주의자 논집The Federalist paper'이 실렸다. 초대 재무장관이 된 알렉산더 해밀턴Alexander Hamilton, 헌법 초안을 제시한 제임스 매디슨James Madison, 초대 연방대법원장이 된 존 제이John Jay 세 사람은 푸블리우스Publius라는 필명으로 연방정부 결성의 필요성을 주장하는 85편의 글을 썼다.

결국 1787년 12월 델라웨어Delaware주를 시작으로 다음 해 7월 뉴욕주까지 11개 주가 헌법을 비준하면서 당시 13개 주의 4분의 3이 헌법에 동의하였고, 헌법은 효력을 갖게 되었다. 이어서 1789년 4월에는 조지 워싱턴George Washington이 초대 대통령으로 취임한 연방정부가 창설되었다. 주목할 점은 그때까지도 노스캐롤라이나주와 로드아일랜드주는 헌법을 비준하지 않았다는 것이다. 로드아일랜드주는 1790년 5월에야 마지막으로 헌법을 비준하였는데, 이는 연방정부 창설과 헌법 제정에 대한 의문이 쉽게 해소되지 않았음을 보여준다.

(2) 20세기 : 전 국민 건강보험 입법을 제약한 헌법

18세기 연방주의자와 반연방주의자 간의 긴장 관계는 미국 헌법에 내재되어 오늘날에도 영향을 미치고 있다. 헌법은 20세기 동안 지속적으로 시도된 전 국민 건강보험 도입 입법을 어렵게 하는 제약조건이 되어왔다.

가장 큰 제약은 헌법에 내재되어 정치문화 전반에 뿌리 깊게 자리 잡은 '제한된 연방정부' 관념이다. 전 국민 건강보험 도입 입법이 추진될 때마다 연방정부와 주정부 중 어떤 곳이 주도적으로 건강보험 제도를 운영해야 하는지, 연방정부가 보험시장에 어느 정도 개입하는 것이 적절한지 논쟁이 반복되었다. 연방정부 재정지출 확대에 대한 우려도 계속된 이슈였다. 전 국민 건강보험 도입은 연방정부 재정지출을 증가시킬 것으로 예상되었고, 의회 상하원에서 충분한 지지를 얻지 못하는 경우가 많았다.

헌법이 정한 연방정부의 분절적 구조도 20세기 건강보험 개혁입법의 변수가 되었다. 첫째, 상원과 하원이 치르는 2년 주기 선거는 개혁입법을 추진하는 행정부에게 시간 제약으로 작용했다. 임기 첫 2년이 지나면 개혁 가능성이 낮아지는 경우가 많은데, 이는 중간선거에서 여당이 상원과 하원 중 최소 한쪽에서 다수당 지위를 잃었기 때문이다. 또한, 건강보험 개혁입법은 중산층, 민간 건강보험 기업,

의료계 등의 이해관계와 직결되고 지역구 여론에도 적지 않은 영향을 미치기 때문에 선거를 앞둔 상하원 의원들에게 민감한 이슈였다.

둘째, 의회에서 영향력이 큰 소수의 위원회가 개혁의 성패를 좌우했다. 하원 예산위원회House Ways and Means Committee, 상원 재정위원회Senate Finance Committee 등 주요 위원회 위원장이 반대하는 개혁안은 입법이 어려웠다. 위원장 개인이 추진하는 법안과 대통령이 지지하는 법안이 대등하게 경합하는 경우도 많았다. 그만큼 의회 위원회의 영향력이 컸다고 볼 수 있다.

셋째, 상원과 하원의 견해차나 다수당 의석 분포 역시 건강보험제도의 내용과 개혁의 성패를 결정했다. 미국 헌법은 의회 입법권을 상원과 하원으로 나누어 상하원이 각각 입법안을 만들고 의결한다. 그후 서로의 안을 교차 의결해야 최종적인 연방법률이 성립된다. 만약 상원과 하원 간 건강보험 개혁에 대한 생각 차이가 크다면 개혁안은 연방법률로 성립되기 어렵다. 실제 2010년 오바마 행정부 시기 환자보호 및 건강보험 적정부담법Patient Protection and Affordable Car Act, ACA 과 2016년 트럼프 행정부 시기 건강보험 자유법Health Care Freedom Act, HCFA 제정 과정에서 법안 내용을 둘러싼 상하원의 견해차가 커 입법에 어려움을 겪기도 했다.

넷째, 강한 상원의회 역시 변수로 작용한다. 건강보험 개혁과정에서 영향력이 큰 소수의 상원의원이 입법의 운명을 좌우했다. 헌법이 상원의원에게 부여한 강한 권한과 상원의원의 긴 임기, 높은 전문성이 영향력의 기반이었다. 그들은 자신의 개혁안을 관철하기 위해 행정부와 대등하게 협상하고, 입법안의 내용을 개인적 선호에 맞게 바꾸기도 했다. 핵심 상원의원이 법안에 대한 지지를 철회하면 찬성표가 도미노처럼 이탈해 개혁안 전체가 좌초되기도 했는데, 카터Carter, 클린턴Clinton 행정부가 추진한 개혁안이 대표적인 사례이다. 두 행정부의 개혁안은 상원 본회의에 상정조차 되지 못하고 폐기되었다.

② 시기별 미국 건강보험개혁

　　1930년대 루스벨트 행정부부터 1990년대 클린턴 행정부까지 다수 행정부와 의회 상하원 의원들은 전 국민 건강보험을 도입하거나 건강보험 사각지대를 개선하고자 했다. 이러한 입법 시도들은 헌법의 '제한된 연방정부' 관념과 분절적 의사결정 구조하에서 대체로 실패 또는 부분적 성공에 그쳤다. 아래에서는 그 구체적인 모습들을 살펴본다.

(1) 시어도어 루스벨트 행정부 :
독일식 사회보험에 대한 거부감

전 국민 건강보험 도입 움직임은 제1차 세계대전 이전부터 존재했다. 제26대 대통령인 시어도어 루스벨트Theodore Roosevelt는 공화당 대통령 후보 경선과 1912년 대통령 선거 과정에서 국민건강보험 National health insurance 도입을 주장했다. 그러나 대통령 재선에 실패하면서 그 주장은 실현되지 못했다.

한편, 루스벨트 대통령과 별개로 일리노이주, 펜실베이니아주, 오하이오주 같은 일부 주에서는 건강보험을 확대하려는 입법 시도가 있었다. 이는 당시 유럽의 상황과 관련이 있는데, 19세기 말에서 20세기 초 유럽에서는 이미 사회보험이 도입되고 있었다. 독일 비스마르크 수상은 1883년 노동자 질병 보험법을 시행하였고, 1911년에는 질병 보험대상자를 사무직 노동자로 확대하였다. 이어서 노르웨이, 오스트리아 등 유럽국가들이 비스마르크 모델을 채택하기 시작했다.

그러나 제1차 세계대전 발발과 함께 미국에서 전 국민 건강보험제도 도입 움직임은 사그라들었다. 전쟁으로 독일에 대한 반감이 생겨나면서 독일식 사회보험에 대한 부정적 인식이 나타난 것이다. 프로이센을 중심으로 통일 전쟁을 거치며 1871년 생겨난 독일제국과 달리, 미국 연방정부는 전국 단위 건강보험을 일시에 도입할 정치적 구심력도 약했다. 결과적으로 제1차 세계대전을 거치면서 전국 단위 건강보험 도입은 그 추진력을 잃게 된다.

〈표15. 독일과 영국의 건강보험 · 의료체계 형성과 미국의 특수성〉

• 독일제국 통일 직후 시행된 노동자 질병 보험법

현대 독일 건강보험체계의 근간은 노동자 질병 보험법Gesetz uber die
Kranken Versicherung der Arbeiter이다. 독일은 1881년 빌헬름 1세 황제
칙령을 통해 노동자 질병 보험법을 제정했다. 의무가입 형식이었고,
지역과 지역 단위의 조합방식으로 운영되었다.

노동자 질병 보험법의 도입은 정치적 구심력이 강한 중앙정부가
있었기 때문에 가능했다. 프로이센이 프랑스와의 전쟁에서 승리한 이후,
40여 개의 군소국가는 1871년 프로이센에 의해 통일되어 독일제국으로
이어졌다. 당시 프로이센 수상 비스마르크는 1871년 독일제국 수상으로
1890년까지 재임하면서 노동자 질병 보험법을 시행했다.

• 제2차 세계대전을 거치며 도입된 영국의 국가건강서비스

영국은 제2차 세계대전 종전 직후인 1946년
국가건강서비스법National Health Service Act을 제정하고, 이를 근거로
일반조세에 기반한 의료체계 '국가건강서비스National Health Service,
NHS'를 구축하였다.

국가건강서비스가 도입된 배경에는 영국의 연립내각과 전쟁의
경험이 있다. 첫째, 전시 연립내각을 거치며 보수당과 노동당 모두
국가 단일 의료체계 도입에 공감대를 형성하였다. 제2차 세계대전
당시 영국은 1940년 5월부터 1945년 5월까지 전시내각War Cabinet을
구성하고, 5년간 총선거 없이 보수당 윈스턴 처칠이 계속 수상직을
맡았다. 전시내각하에서 보수당 출신 보건부 장관인 헨리 윌링킨Henry
Wilinkin은 1944년 조세와 일반재정에 기초한 의료체계 도입
필요성을 주장했고, 종전 이후에는 노동당 애틀리Attlee 내각하에서

국가건강서비스법 제정으로 이어졌다.

둘째, 제2차 세계대전은 영국 본토에서 많은 사상자를 냈다. 1940년 9월부터 다음 해 5월까지 런던을 포함한 영국 전역에서 독일의 야간 공습이 이루어졌고, 민간인 사상자가 속출했다. 의료시설이 파괴되어 병상 수도 부족했다. 이러한 상황에서 정부는 응급입원서비스Emergency Hospital Service를 운영하였는데, 정부가 의료인을 직접 고용하고, 부족한 병상을 확충하여 야간 공습 등으로 인한 사상자를 치료한 것이다. 그 과정에서 국가 단위 의료체계 골격이 자연스럽게 형성되었다.

1942년에는 비버리지 보고서Beveridge Report가 발간되면서 사회보험 및 공공부조 도입이 논의되었고, 1944년에는 화이트 보고서White paper가 발표되면서 일반조세를 재원으로 하는 전국 단위 의료체계 도입 필요성이 주장되었다. 제2차 세계대전이라는 역사적 상황과 정책 제안들이 국가건강서비스NHS 도입으로 이어진 셈이다.

• 영국과 대비되는 미국의 상황

영국과 미국은 모두 제2차 세계대전에 참전했지만, 각각이 마주한 전쟁의 양상과 정치적 대응이 서로 달랐다. 미국은 전시에도 2년마다 상하원 선거를 치렀는데, 1942년에는 민주당 프랭클린 루스벨트Franklin Roosevelt가 3선 대통령이 되었지만 민주당은 하원에서 45석, 상원에서 8석을 잃었다. 여당 의석이 상하원 모두 줄어든 상황에서 행정부 주도의 입법 추진은 쉽지 않았다.

또한, 미국은 전쟁 기간 동안 하와이를 제외한 본토를 공격받지 않았고, 영국과 같은 국가 주도의 전시 의료체계 필요성을 느끼기 어려웠다. 전후 합의Post-war consensus라고 일컬어지는 영국의 전후 복지국가 형성 역시 미국에서는 나타나지 않았다. 오히려 1930년대에는 대공황에 대응한 뉴딜정책이 추진되고 연방정부의 권한과 개입 범위가 커졌지만, 제2차 세계대전이 끝난 이후에는 이런 경향이 주춤해졌다. 전후 호황으로 인해 연방정부의 적극적 산업 정책이나 소득 재분배 필요성이 낮아졌기 때문이다. 의회에서는 뉴딜로 확대된 연방정부 조직을 축소하거나 예산을 삭감하려는 움직임이 나타나기도 했다.

(2) 프랭클린 루스벨트 행정부 : 사회보장법을 통한 전 국민 건강보험 도입 실패

경제 대공황에 대응한 프랭클린 루스벨트 행정부 시기 뉴딜New Deal정책은 연방정부 규모와 권한을 유례없이 확대했다. 루스벨트 행정부는 뉴딜정책의 일환으로 사회보장법Social Security Act에 전 국민 건강보험제도를 담고자 하였으나, 반발이 뒤따랐다. 뉴딜정책이 지나친 연방정부 개입, 주와 개인의 권한 침해로 이어진다는 주장과 위헌 소송이 줄을 이었다. 결국, 루스벨트 행정부는 전 국민 건강보험제도를 사회보장법안에서 삭제하였다.

1) 사회보장법Social Security Act과 건강보험
—

1929년 경제 대공황에 대응하여 프랭클린 루스벨트 행정부는 뉴딜로 일컬어지는 일련의 공공 프로그램, 금융시장 규제 정책 등을 시행했다. 뉴딜은 단순한 공공정책을 넘어서, 정책의 무게 중심이 주정부State government에서 연방정부로 이동하기 시작한 역사적 기점이었다. 1930년 미국 국내총생산GDP에서 주와 지방정부 예산이 차지하는 비율은 8% 수준인 데 비해 연방정부 예산은 3%대에 불과했다. 국내 정책은 대부분 주의 자치에 의해 이루어졌고, 연방정부의 역할은 미미했다. 그런데 뉴딜을 거치면서 연방정부와 주의 관계가 역전되었다. 1940년 미국 국내총생산에서 연방정부 예산 비중은 9%에 달했고, 제2차 세계대전을 거치면서 1945년에는 40% 수준까지 늘어났다. 고용, 농업, 금융 등 많은 분야에서 연방정부의 역할이 커졌다.

보건의료 영역에서도 전 국민 건강보험 도입의 기회를 맞았다. 뉴딜 프로그램을 추진하기 위해 설치된 대통령 직속 경제안정위원회 Committee on Economic Security, CES는 실업보험, 노령연금, 저소득 가정 아동 지원 등 극심한 경기 침체에 대응한 공공정책 프로그램을 만들었다. 또한 사회보장법Social Security Act을 통해 연방정부 주도 공공 프로그램이 시행될 예정이었다. 루스벨트 행정부는 경제안정위원회CES 산하에 의료분과Medical advisory committee를 설치하고, 사회보장법에 전 국민 건강보험 내용을 반영하고자 했다.

그러나 전 국민 건강보험제도는 사회보장법에 결국 포함되지 못했다. 당시 루스벨트 행정부의 최우선 과제는 경제 대공황으로 인한 실업과 노인 빈곤에 대응한 사회안전망을 구축하는 것이었다. 이를 위해서는 사회보장법을 통한 노령연금 법제화가 반드시 필요했는데, 찬반이 첨예한 전 국민 건강보험이 포함될 경우 사회보장법 입법 전체가 좌초되어 노령연금 도입까지 무산될 위험이 있었다. 결국 루스벨트 행정부는 건강보험 관련 내용을 사회보장법안에서 제외하였고, 이 결정은 전 국민 노령연금과 건강보험 제도의 운명을 갈랐다. 노령연금은 20세기 중반에 도입된 반면, 전 국민 건강보험제도는 반세기를 넘겨 2010년 건강보험 적정부담법ACA 제정을 기다려야 했다.

〈표16. 연방정부 개입 확대를 둘러싼 루스벨트 행정부와 연방대법원 간 대립〉

경제 대공황 이전까지 미국은 주정부를 중심으로 운영되는 국가였다. 경제 대공황에 대응하기 위해 실시된 뉴딜은 연방정부의 권한과 규모를 키웠고, 이로 인해 18세기 연방주의자Federalist와 반연방주의자Anti-Federalist 간 논쟁이 20세기에 되살아났다. 사회보장법을 비롯한 일련의 뉴딜 프로그램이 헌법에 위배되지 않는지 다툼이 나타난 것이다.

그 대표적 사례로, 1933년 농업 생산량 조정 등에 관한 뉴딜정책 관련 법Agricultural Adjustment Act이 연방대법원의 위헌 판결에 의해 효력을 잃었다. 이 법은 경기 침체에 대응하여 연방정부 시책에 따라 생산량을 조정한 농장에 곡물 가격을 높게 책정하여 지원하는 것을 주요 내용으로 한다. 연방대법원은 이러한 조치가 헌법상 연방정부의 권한 범위를 일탈하고 주의 권한을 침해한다고 판단했다. 연방정부 개입이 헌법에 위배된다고 본 것이다.

루스벨트 행정부는 뉴딜 법안이 연방대법원에 의해 계속 좌초될 것을 우려하였다. 그는 연방대법원의 영향력을 견제하기 위해 1937년 연방대법원 판사 수를 늘리는 법안Judicial Procedures Reform Bill을 제안하였다. 연방대법원 판사는 9인이었고 종신직이나, 일정한 시기에 은퇴하는 것이 관례였다. 법안에는 70세까지 연방대법원 판사가 은퇴하지 않는 경우 기존 9인에 더하여 새로운 판사를 임명할 수 있도록 하는 내용이 담겼다.

법안 제안 이후, 연방대법원 판결 기류가 바뀌었다. 1937년
연방대법원은 사회보장법Social Security Act을 합헌으로 판결하였다.
이러한 일련의 사건들은 뉴딜을 둘러싼 헌법상 논쟁과 행정부와
사법부 간 긴장 관계를 보여준다. 1930년대 연방정부 개입 영역이
확대되는 과정에서의 진통이기도 했다.

2) 1938년, 1942년 중간선거의 영향
–

민주당 루스벨트 대통령은 1935년 사회보장법 입법 이후 1938
년, 1942년 각각 중간선거를 치렀다. 두 선거 모두 민주당이 양원에
서 의석을 크게 잃었다. 1938년 선거에서 민주당은 80석상원 8석, 하원
72석을 잃은 반면, 공화당은 89석상원 8석, 하원 81석이 늘었다. 같은 해
주지사 선거에서도 공화당은 12주가 늘었던 반면, 민주당은 9개 주
에서 주지사직을 잃었다. 1942년에도 공화당은 상원 9석, 하원 47석
을 추가한 반면, 민주당은 상원 8석, 하원 45석이 줄었다. 중간선거
결과는 행정부 주도의 사회보장법 개정을 통한 전 국민 건강보험 도
입을 어렵게 하였다.

3) 연방의회 차원의 전 국민 건강보험 입법 시도
–

의회에서도 보편적 건강보험 입법 시도가 있었다. 뉴욕주 상원의

원 와그너Robert F. Wagner는 1939년 국가건강법National Health Act를 발의했는데, 주정부가 운영하는 의무가입 형태의 건강보험 제도를 골자로 하였다. 1943년에는 와그너와 몬태나주 상원의원 머레이James E. Murray, 미시간주 하원의원 딩겔John D. Dingell이 공동으로 전 국민 건강보험 도입 법안을 발의하였다. 와그너-머레이-딩겔 법은 메디케어처럼 소득세원에 기반해 연방정부가 운용하는 방식이었다. 그러나 연방정부가 직접 건강보험제도를 운용하는 것은 공감대를 얻기 어려웠고, 법안은 의회를 통과하지 못했다. 이후 발발한 제2차 세계대전은 건강보험제도를 전혀 다른 방향으로 이끌었다.

(3) 제2차 세계대전 이후 : 고용주 제공 민간 건강보험의 급속한 확산

1) 전시경제와 고용주 제공 민간 건강보험

—

제2차 세계대전 당시 전시안정화법Stabilization Act은 1942년 9월 수준으로 시장 임금을 억제했다. 전쟁으로 인한 노동력 부족과 임금 상승 압력에 대응하는 것이 목적이었다. 임금을 올리기 어렵게 되자, 고용주는 건강보험 혜택을 추가 제공하여 근로자를 확보하기 시작하였다.

이때 고용주가 제공하는 건강보험이 사실상 임금이 아닌지 논란이 되었다. 만약 이를 임금으로 본다면, 고용주가 건강보험 혜택을 추가로 제공하는 것은 사실상 임금 인상에 해당하여 전시안정화법에 저촉된다. 이와 관련하여, 전쟁노동위원회The National War Labor Board 는 건강보험 혜택이 전시안정화법에서 규제한 임금이 아니라고 보았 다. 국세청 또한 1954년 고용주가 제공하는 건강보험은 과세 대상이 아니라고 유권해석하였다. 그 결과 고용주는 임금 외에 건강보험을 추가적으로 제공하여 근로자를 유인할 수 있게 되었고, 건강보험료 지출에 대해서도 면세 혜택을 얻었다.

여전히 미국 연방정부는 고용주 제공 민간 건강보험에 대해 과세 하지 않는다. 반세기 넘는 시간 동안 직장을 통해 건강보험을 이용 하는 사람은 크게 늘어나, 2022년 1억 8천만 명이 고용주 제공 민 간 건강보험Employer-Sponsored health Insurance, ESI을 이용하였다. 그만 큼 연방정부가 감면한 조세 규모 역시 크다. 의회 예산정책처는 고용 주 제공 민간 건강보험에 대한 연방정부의 세제 혜택 규모를 2022년 3,480억 달러로 추산하였다. 연방정부의 가장 큰 조세지출 항목이다.

2) 고용주 제공 민간 건강보험의 건강보험제도 개혁 제약
–

미국 중산층과 대다수의 근로자가 자신의 직장을 통해 건강보험 ESI을 이용한다. 이들을 불안하게 하는 급진적인 개혁안은 성공 가능 성이 낮으며, 직장 건강보험은 건강보험 개혁 가능성과 범위를 제약 했다. 클린턴Clinton 행정부는 기존의 민간 건강보험 이용 구조를 바 꾸는 지역 건강보험 연합체Regional Health Alliance를 도입하는 개혁안을 추진하였으나, 중산층 이탈과 업계 반발로 실패했다. 반면, 2009년 6월 오바마 대통령은 "당신이 지금 이용하는 건강보험이 마음에 들면, 그대로 이용하면 됩니다If you like your plan, you can keep it."라고 말했는데, 이는 고용주 제공 민간 건강보험 이용자들을 안심시키기 위한 메시지였다. 당시 오바마 행정부는 전 국민 건강보험제도 도입을 추진하면서 기존 메디케어, 민간 건강보험체계를 바꾸지 않았다. 중산층을 비롯한 기존 제도 이용자가 입법에 등을 돌리는 것을 방지하기 위함이었다.

(4) 트루먼 행정부 : 전 국민 건강보험 입법과 상원에서의 충돌

1) 전 국민 건강보험 입법 공식화

—

해리 트루먼Harry Truman 대통령은 보건정책, 특히 청장년층의 건강 수준에 관심이 많았다. 이것은 제2차 세계대전을 겪은 경험과도 무관하지 않은데, 그는 자서전 『Years of Trial and Hope』에서 9백만 명 가까운 청장년층이 건강 문제로 군 복무에 적합하지 않은 상황을 우려하며, 의료체계 전반의 개선과 시설 확충을 강조하였다.

무엇보다 그는 전 국민 건강보험 도입에 적극적이었다. 1945년 11월 트루먼 대통령은 의회에 특별 메시지를 보내 일반조세와 보험료에 기반한 의무가입 형태의 전 국민 건강보험Compulsory insurance 도입을 제안했다. 그러나 그는 전 국민 건강보험 도입이 연방정부 개입 확대로 해석되는 것을 경계하여, 전국 단위의 건강보험 체계를 구축하되 구체적 시행은 주정부State government 중심으로 이루어져야 한다고 강조했다. 전 국민 건강보험 도입 계획과 함께, 연방정부의 의과대학 지원과 주정부 주도의 병·의원 시설 확충, 질병으로 인한 임금손실 보전도 메시지에 포함되었다.

이 특별 메시지 내용은 앞서 언급된 '와그너Wagner-머레이Murray-딩겔Dingell 법안'에 더해져 수정법안이 1946년 의회에 제출되었다.

2) '건강보험 충돌Health Care Clash' 사건과 1946년 중간선거
—

트루먼 행정부의 제안은 1946년 4월 '건강보험 충돌Health Care Clash' 사건과 11월 중간선거로 실현되지 못했다. 이후 1965년 메디케어, 메디케이드 도입까지 전 국민 건강보험 입법은 18년간 수면 밑으로 가라앉았다. 건강보험 충돌은 의회 상원 공식 홈페이지에 나오는 용어이다.

1946년 4월 상원 위원회에서 '건강보험 충돌' 사건이 발생했다. '와그너Wagner-머레이Murray-딩겔Dingell 수정법안'을 두고 상원 교육노동위원회에서 민주당 제임스 머레이James Murray 위원장과 공화당 로버트 태프트Robert Taft 의원 간에 설전이 벌어진 것이다. 머레이 위원장은 수정법안을 두고 상원 청문회를 열었는데, 태프트 상원의원은 수정법안을 1930년대 뉴딜 프로그램의 연장선상으로 간주하고 강하게 비판하였다. 연방정부의 개입 확대를 우려한 것이다. 그 과정에서 두 의원 간에 "당장 닥쳐라Shut up right now."라는 말이 오갈 만큼 심한 다툼이 있었다. 머레이 위원장은 태프트 의원을 퇴장시키기 위해 경비원을 불렀으며, 태프트 의원은 앞으로 모든 건강보험법안 청문회를 거부하겠다고 공언했다.

그해 11월 치러진 중간선거에서는 태프트 의원이 속한 공화당이 상원과 하원 모두에서 과반 의석을 차지했다. 공화당은 전 국민 건강보험으로 인해 연방정부 개입이 확대될 것을 우려하고 법안에 계속 반대했다. 태프트 의원의 공언이 현실화된 것이다. 1947년과 1949년 트루먼 행정부는 계속해서 전 국민 건강보험 도입을 시도하였으나, 모두 실패로 끝났다.

(5) 린든 존슨 행정부 : 메디케어 · 메디케이드 도입

메디케어와 메디케이드는 미국 최초의 전국 단위 공보험이다. 1960년대 초 상원과 하원에 백가쟁명식으로 혼재한 3개의 건강보험법안이 정치적 타협을 거쳐 형식적으로 조합된 결과물이기 때문에 '3층 케이크Three-layer-cake'라고 불리기도 했다. 공보험의 궁극적인 목표가 모든 국민을 대상으로 보험을 제공하는 것이라고 한다면 메디케어와 메디케이드는 차선이었다. 헌법이 설계한 연방과 주, 행정부와 의회, 상원과 하원으로 분절화된 입법구조 안에서 선택된 불완전한 안이었다.

1) 1960년 이후 일련의 건강보험 입법

—

제2차 세계대전 후 경제 호황을 지나 1960년대에는 사회 정책에 대한 관심이 높아졌다. 당시 린든 존슨Lyndon Johnson 행정부는 연방 정부 주도로 소득 재분배, 건강보험 사각지대 완화 등을 위한 국내 정책을 추진했다. 의회에서도 공보험 도입 시도가 활발했다. 린든 존슨 행정부와 의회에서 제안된 입법안들은 의료접근성을 높이려 했다는 점에서 목표가 같았으나, 구체적 실행방법은 차이가 컸다. 연방정부와 주정부 중 누가 건강보험을 제공할 것인지, 연방정부 조세를 신설하고 재정을 늘려 건강보험을 제공하는 것이 바람직한지 등을 두고 논쟁이 있었으며, '커-밀스Kerr-Mills' 건강보험법, '킹-앤더슨King-Anderson' 건강보험법, '더 나은 보험Better Care' 건강보험법은 그 논쟁의 결과물이었다.

1-1) 1960년 커-밀스Kerr-Mills 건강보험 ··· 메디케이드로 입법화

1960년 상원의원 로버트 커Robert Kerr와 하원의원 윌버 밀스Wilber Mills에 의해 저소득 고령자 대상 공적 건강보험 제도가 도입되었다. 커-밀스Kerr-Mills 고령자 건강보험은 주정부 중심의 제도로, 2가지 특징이 있다.

첫째, 제도 운용 여부의 자율성이다. 고령자 건강보험 도입은 주정부의 선택이었고, 주정부가 불필요하다고 판단하면 커-밀스 고령자 건강보험은 해당 주에서 시행되지 않았다. 둘째, 연방정부의 주정부에 대한 포괄보조금Block grant 지원 방식이다. 주가 커-밀스 고령자 건강보험을 운영하는 경우, 연방정부는 고령자 건강보험에 대한 포괄적 목적을 지정하여 소요 예산을 주정부에 일괄 지원하고, 주정부는 보장범위 등을 자율적으로 결정하여 사용하였다. 즉, 주정부의 재량이 컸다.

제도 채택 여부를 각 주의 선택에 맡기면서 일부 주에서만 제도가 시행되는 문제점이 나타났다. 캘리포니아주, 매사추세츠주, 뉴욕주는 커-밀스 고령자 건강보험 시행에 적극적이었다. 제도 도입 첫해 연방정부 고령자 건강보험 예산의 약 90%가 이들 주에 쓰였다. 제도 도입 5년이 지난 1965년에도 전체 예산의 40% 이상이 3개 주에 편중되었다. 반면, 10개 주는 제도를 시행조차 하지 않았다. 그 결과 미국 내 전체 고령자 중 커-밀스 고령자 건강보험을 이용하는 사람은 5% 미만에 그쳤다. 주를 경계로 제도 운용 여부가 달라지면서 지리적 분절이 나타난 것이다.

〈표17. 윌버 밀스Wilber Mills 위원장과 하원 세입세출위원회〉

윌버 밀스Wilber Mills는 의회에서 영향력 위원회 중 하나인 하원 세입세출위원회House Ways and Means Committee 위원장이었다. 미국 헌법은 세입과 관련한 모든 사항은 하원을 거치도록 규정한다. 세입세출위원회는 이러한 사항을 관장하고, 공공정책과 법안 내용의 향방을 결정한다. 윌버 밀스는 1958년부터 1974년까지 20년 가까이 이 위원회 위원장으로 있었으며, 건강보험제도 입법과정에서 큰 영향력을 행사했다.

1-2) 1962년 킹-앤더슨King-Anderson 건강보험 ⋯⋯▸
메디케어 파트A로 입법화

1962년에는 킹-앤더슨King-Anderson 건강보험 법안이 발의되었
다. 연방 소득세 수입을 운영 재원으로 하여, 65세 이상을 대상으
로 입원 치료를 보장하는 내용이었다. 외래 치료나 의약품 약제비
를 보장범위에서 제외한 것은 연방정부 재정지출을 줄이기 위해서
였다. 연방정부 재정지출이 많아질수록 입법과정에서 반대에 직면
할 가능성이 커지기 때문이다. 공화당뿐만 아니라 당시 남부 지역
민주당 의원은 건강보험제도로 인해 연방정부 재정지출이 증가하
는 것에 대해 우호적이지 않았다.

킹-앤더슨 건강보험 법안은 보장범위를 한정하여 연방정부 재정
지출을 관리하고, 당시 케네디Kennedy 행정부 또한 이 법안을 지지했
음에도 하원 세입세출위원장 민주당 윌버 밀스Wilber Mills 의원의 반대
로 하원을 통과하지 못했다. 그는 2가지 이유로 이 법안을 반대했는
데, 첫째, 밀스 위원장은 자신이 공보험을 처음 도입한 주도적 인물
로 기억되기를 원했다. 그가 제안한 커-밀스Kerr-Mills 고령자 건강보
험이 성공적으로 안착하지 못한 상태에서 새로운 공적 건강보험제도
도입은 수용하기 어려웠다. 둘째, 밀스 위원장은 연방정부가 아닌 주
정부가 건강보험제도 운용의 중심이 되어야 한다고 생각했다. 커-밀
스 건강보험이 주정부 재량이 큰 포괄보조금 방식을 채택한 것도 이
러한 생각에서 비롯되었다.

1-3) 존 번스John Byrnes 더 나은 건강보험Better Care …→ 메디케어 파트B로 입법화

민주당의 킹-앤더슨 건강보험 법안에 대응하여 공화당 존 번스 John Byrnes 의원은 더 나은 건강보험Better Care 법안을 제안했다. 더 나은 건강보험 법안은 킹-앤더슨 건강보험 법안과 3가지 면에서 구별된다. 첫째, 외래 치료를 보장하고, 둘째, 가입 여부가 자율이며, 셋째, 가입자가 부담하는 건강보험료를 주된 재원으로 한다.

개인이 가입 여부를 선택할 수 있고, 연방정부 조세를 신설하지 않는 더 나은 건강보험 법안의 운영 방식은 연방정부의 개입과 재정 증가를 최소화하는 공화당의 정책 방향을 반영한다. 또한, 공화당 의원뿐만 아니라 연방정부 재정 확대를 선호하지 않는 보수 성향 민주당 의원의 찬성표를 확보하려는 전략도 기저에 있었다.

2) 행정부, 공화당, 민주당 사이에서 표류하는 건강보험 법안

—

1964년 미국 의회에는 건강보험 제도 도입을 둘러싸고 린든 존슨 행정부, 민주당 윌버 밀스가 위원장으로 있는 하원 세입세출위원회 House Ways and Means Committee, 그리고 더 나은 건강보험 법안을 중심으로 한 공화당이 대립하고 있었다.

세 주체 중 누구도 입법과정에서 우위에 있지 못했다. 1963년 케네디 대통령의 사망으로 대통령직을 승계받은 린든 존슨은 1964년 킹-앤더슨 건강보험 법안 통과를 다시 추진하였지만, 여전히 하원 세입세출위원회를 통과하지 못했다. 위원장 윌버 밀스가 커-밀스 고령자 건강보험과 킹-앤더슨 건강보험을 경합 관계로 생각했기 때문이다. 그러나 커-밀스 고령자 건강보험은 큰 성과가 없었고, 현장에서 집행이 지지부진했다. 공화당은 이 틈을 파고들어 더 나은 건강보험 법안을 제안하였지만, 이 또한 외래 치료로 보장범위가 한정적이고 가입도 선택사항이었기 때문에 외연 확장에 한계가 있었다. 1964년 11월 선거에서 민주당이 다시 양원 과반 의석을 회복하면서 법안의 의회 통과를 위해서는 민주당의 표가 필요하였으나, 더 나은 건강보험 법안으로는 민주당의 표를 얻기 어려웠다.

3) 경합하는 3개 법안의 묶음으로서 메디케어, 메디케이드

–

3-1) 린든 존슨 행정부와 윌버 밀스 위원장 간 타협

1964년 11월 선거에서 린든 존슨 대통령은 재선에 성공했고, 상원과 하원에서 민주당이 다시 과반 의석을 얻었다. 린든 존슨 행정부는 건강보험제도를 도입할 의지가 강했으나, 의회 내 핵심 위원회와 영향력 있는 의원이 법안을 반대할 경우 입법 성공은 불투명했다. 킹-앤더슨King-Anderson 건강보험 법안이 하원 세입세출위원장 민주당 윌버 밀스Wilber Mills의 반대로 표결에 부쳐지지도 못한 것이 그 예이다.

린든 존슨 행정부는 의회 중심의 입법 전략을 택했다. 린든 존슨 대통령은 1964년 재선되기 전 윌버 밀스 위원장에게 건강보험 개혁

입법이 성공하면 그 공을 밀스 위원장에게 돌리겠다고 제안했다. 역사적인 입법을 밀스 위원장이 주도하도록 하여 그가 관할하는 하원 세입세출위원회를 건강보험 도입의 발판으로 삼고자 한 것이다. 이는 표결 과정에서 밀스 위원장 영향 아래 있는 보수 성향 민주당 의원 찬성표를 확보하는 데도 도움이 되었다.

3-2) '3층 케이크'로서 메디케어와 메디케이드

윌버 밀스 위원장 주도로 킹-앤더슨King-Anderson 건강보험, 더 나은 건강보험Better Care, 커-밀스Kerr-Mills 고령자 건강보험을 모두 사회보장법Social Security Act 개정안에 담는 것이 추진되었다. 서로 다른 세 법안을 하나의 지붕 아래에 둔다고 해서 개정안은 '3층 케이크Three-layer-cake'라고도 불렸다. 각각의 법안은 지금의 메디케어 파트A, 메디케어 파트B, 그리고 메디케이드가 되었다.

킹-앤더슨King-Anderson 건강보험 법안은 메디케어 파트A가 되었다. 입원 치료를 중심으로 한 의무가입이었으며, 메디케어 소득세를 신설하여 재원으로 사용했다. 근로 시기에 메디케어 세금을 부담하고, 은퇴 후 건강보험으로 돌려받는 방식이다.

더 나은 건강보험Better Care 법안은 메디케어 파트B가 되었는데, 외래 치료를 보장하며 가입은 자율이다. 공화당과 재정 건전성을 중시하는 당시 남부 민주당 의원 선호에 따라 당사자가 보험료를 직접 부담한다. 지금도 메디케어 파트B는 소득에 따라 당사자가 보험료를 부담하고, 연방정부는 그 일부를 지원한다.

커-밀스Kerr-Mills 고령자 건강보험은 메디케이드로 이어졌다. 주정부 중심으로 운영되고, 재원도 연방과 주 모두가 매칭 형태로 부담한다. 메디케이드 도입 여부 역시 주의 선택사항이다.

〈1960년대 건강보험 법안과 메디케어 · 메디케이드 입법〉

법안명	특징		1965년 입법화
커-밀스(Kerr–Mills) 건강보험	· 고령자 대상 · 주정부 선택 시행	⇒ ⇒	· 메디케이드(Medicaid)
킹-앤더슨(King–Anderson) 건강보험	· 입원 치료 · 연방 소득세 재원	⇒ ⇒	· 메디케어(Medicare) 파트A
더 나은 건강보험(Better Care)	· 외래 치료 · 가입 여부 자율		· 메디케어(Medicare) 파트B

이처럼 형식적으로 묶인 세 법안은 메디케어, 메디케이드로 명명되어 1965년 사회보장법 개정안에 포함되었다. 사회보장법 개정안이 의회 표결을 마친 후 린든 존슨 대통령은 해리 트루먼 전 대통령 앞에서 법안에 서명하였는데, 이는 1940년대 해리 트루먼 행정부가 시도했던 건강보험 도입이 20여 년 만에 부분적으로나마 결실을 본 순간이었다.

당시 미국에서 건강보험 제도를 개선하여 더 쉽게 의료서비스를 이용할 수 있어야 한다는 공감대는 넓었다. 그러나 연방정부와 주정부 중 누가 제도를 운용해야 하는지, 개인과 주의 선택권은 얼마나 보장해야 하는지, 연방정부 조세와 재정지출을 늘리는 것이 바람직한지 등을 두고 다양한 의견이 존재했다. 이는 미국 헌법이 만들어질 당시 연방주의자와 반연방주의자 간 논쟁과 같은 맥락으로, 18세기의 긴장이 20세기 중반에도 여전히 반복되고 있었다.

(6) 닉슨 행정부 : 고용주의 건강보험 제공 의무화

메디케어와 메디케이드 입법은 기념비적인 사건이었지만, 두 제도는 공보험으로서 불완전했기 때문에 1970년대 중반 의회와 행정부에서 전 국민 건강보험 도입 시도가 재개되었다. 에드워드 케네디Edward Kennedy 상원의원은 전 국민 단일 건강보험제도 입법안을 발의했고, 공화당 닉슨Nixon 행정부는 메디케어와 메디케이드보다 보장범위가 넓고 더 많은 사람이 이용 가능한 포괄적인 건강보험 입법을 추진했다.

1) 에드워드 케네디 상원의원의 의료보장법Health Security Act
—

에드워드 케네디Edward Kennedy 상원의원은 1971년 의료보장법 Health Security Act을 발의하였다. 제35대 대통령 존 F. 케네디의 동생인 그는 1962년부터 상원의원직을 수행한 인물로, 보건의료정책에 관심이 많았다.

의료보장법은 메디케어와 메디케이드가 보장하지 못하는 사각지대를 보완한, 보다 포괄적인 건강보험 법안이었다. 핵심 내용은 연방정부의 전 국민 대상 단일 건강보험 제공이다. 소득이나 기저질환과 관계없이 누구나 건강보험 대상이 되어, 메디케어와 메디케이드는 단일 건강보험에 흡수되고 고용주 제공 민간 건강보험은 불필요해진다.

전 국민 대상 단일 건강보험은 연방조세를 재원으로 하기 때문에 연방정부 예산이 사실상 건강보험 지출 총액이 되고, 국가 전체 의료비 지출 수준은 연방정부 지출과 연동된다. 의료비 지출을 연방정부 재정과 연동시키면 의료비 지출 증가 속도를 조절하는 것이 가능한데, 이는 메디케어와 메디케이드 도입 이후 급격히 증가하는 의료비 지출을 관리하기 위해서였다.

에드워드 케네디는 상원의원직에 있으면서 전 국민 건강보험 도입을 자신의 대표 정책으로 내세웠다. 이는 하원의 윌버 밀스 의원이 공보험을 처음 도입한 인물로 인정받기 위해 커-밀스 건강보험을 추진한 것과 유사하다. 케네디는 1962년부터 2009년까지 50년 가까이 매사추세츠주 상원의원으로 재직하면서, 상원의 보건위원회Senate Health Committee 위원장을 여러 번 역임하였다. 케네디의 오랜 보건의료정책 입법 이력은 행정부와 대등하게 경합할 수 있는 존재감으로 이어졌다.

〈표18. 상원의원과 전 국민 건강보험 입법 경력의 상징성〉

특정 정책 분야를 자신의 주요 업무 분야로 브랜드화하는 것은 상원의원에게 몇 가지 이점이 있다. 첫째, 정책 전문성이 커진다. 에드워드 케네디 상원의원은 1970년대 의료보장법을 시작으로, 1990년 에이즈 환자와 가족에 대한 의료지원법Comprehensive AIDS Resources Emergency Act, 1996년 건강보험 이동권에 관한 법Health Insurance Portability and Accountability Act, 1997년 어린이 건강보험 프로그램Children's Health Insurance Program, 2003년 메디케어 약제비 보장에 관한 법률Medicare Prescription Drug and Modernization Act 등 다양한 입법에 관여했다. 건강보험 이동권에 관한 법은 고용주 제공 민간 건강보험에 의존하는 근로자가 직장을 옮길 때 건강보험 혜택이 중단되어 불이익을 받지 않도록 하는 내용이었다. 또, 메디케어 약제비 보장에 관한 법률은 의약품 약제비 보장을 메디케어에 추가한 것으로, 1965년 도입된 메디케어 파트A와 파트B가 의약품 약제비를 보장하지 않는 것을 보완한 입법이다.

둘째, 전국적 인지도를 쌓을 수 있다. 상원의원으로 장기간 재임하면서 전 국민 건강보험과 같은 전국적 이슈를 계속 논의하고 해결책을 제시하는 것은 '미국 전체의 문제에 대한 해결책을 갖고 있다.'라는 메시지를 준다. 이를 통해 개별 주에 국한된 상원의원 이상의, 모든 주에 걸친 전국적 인지도가 생긴다. 리처드 닉슨Richard Nixon 전 대통령, 버락 오바마Barack Obama 전 대통령도 상원의원 경력이 있으며, 조 바이든Joe Biden 대통령 역시 1973년부터 2009년까지 36년 동안 델라웨어주 상원의원직을 수행하며 법무·외교정책을 중심으로 전국적 인지도를 쌓았다.

2) 닉슨 행정부의 포괄적 건강보험안
Comprehensive Health Insurance Plan

—

닉슨Nixon 행정부는 1974년 포괄적 건강보험안Comprehensive Health Insurance Plan, CHIP을 의회에 제안한다. 1974년 당시 약 2천 5백만 명이 건강보험이 없었으며, 건강보험이 있는 사람들도 40%가 외래 치료에 대한 보장이 불완전한 상황이었다. 닉슨 행정부의 포괄적 건강보험CHIP은 점진적인 안으로, 국민 모두에게 건강보험을 확대하고 보장 대상을 넓히되 기존의 고용주 제공 민간 건강보험과 메디케어는 유지하는 방식이었다. 이것은 연방정부 확대를 경계하고 시장 자율을 중시한 닉슨 행정부의 정책 성향과 부합한다.

포괄적 건강보험은 고용주 제공 민간 건강보험Employee Health Insurance, 메디케어 확대Improved Version of Medicare, 건강보험 보조 Assisted Health Insurance 3가지로 이루어졌다. 첫째, 닉슨 행정부는 모든 상근 근로자에게 고용주가 건강보험을 제공하도록 의무화했다. 보험료는 고용주가 70%를, 근로자가 30%를 각각 부담하고, 연방정부는 기업에 보험료 일부를 보조금 형태로 지원한다. 둘째, 의약품 약제비를 새롭게 포함하여 메디케어 보장범위를 내실화하였다. 포괄적 건강보험이 제안된 시점은 의약품 약제비를 보장하는 메디케어 파트D 도입 전이어서 가입자는 약제비를 보장받기 어려웠다. 셋째, 실업자와 저소득층 등에 대한 건강보험 보조 상품을 제공하였다.

포괄적 건강보험은 민간 건강보험시장에서의 불합리한 상황을 해결하고자 했다. 당시 만성질환이나 암 등의 기저질환을 이유로 보험 인수가 거부되거나, 보험료가 지나치게 높게 책정되어 가입 포기와 개인의 과도한 의료비 지출로 이어지는 경우가 적지 않았다. 포괄적 건강보험에서는 기저질환이 있어도 건강보험에 가입할 수 있다. 또 하나 주목할 점은 저소득층 13세 이하 어린이를 대상으로 한 무료 건강검진이 포함되어 있었다는 것이다. 이것은 닉슨 대통령이 경제

적으로 어려운 유년기를 보냈고, 2명의 형제를 폐렴으로 일찍 떠나
보낸 경험과 무관하지 않을 것이다.

3) 케네디 상원의원과 닉슨 행정부 간 경합과 입법 실패

—

에드워드 케네디 상원의원의 의료보장법Health Security Act과 닉슨
행정부의 포괄적 건강보험CHIP은 모두 입법에 실패했다. 건강보험 입
법에 있어 행정부-상원-하원이 대등한 위치에서 서로 대립했고, 각
자가 서로의 거부점이 된 것이 실패 원인이었다.

우선, 케네디 상원의원은 자신의 의료보장법을 고수하였고, 의료
보장법이 행정부 법안에 가려지는 것을 원하지 않았다. 닉슨 행정부
는 상원에서 영향력이 큰 케네디 의원의 지지 없이는 입법이 어려웠
기 때문에, 타협을 시도했지만 성사되지 못했다. 결국 케네디 상원의
원은 닉슨 행정부의 포괄적 건강보험을 공식적으로 반대했다.

닉슨 행정부와의 타협 결렬 이후, 케네디 상원의원은 하원 세
입세출위원회 위원장 윌버 밀스와 연합하여 '케네디-밀스 타협안
Kennedy-Mills Compromise'을 만들었다. 이 대안은 의회 상원과 하원이
연합하여 행정부안과 대립하는 구도를 형성하였다.

한편, 상원에서 가장 영향력 있는 재정위원회Senate Finance
Committee 위원장인 러셀 롱Russel Long은 별도의 건강보험 법안을 발
의하였다. 그가 제안한 '재난적 의료비 건강보험안Catastrophic Insurance
Plan'은 의료비 부담이 큰 경우에만 건강보험을 제공하는 보충적 성격

의 점진적 개혁안이었다. 러셀 롱은 1948년부터 1987년까지 상원의
원직에 있으면서 재정위원회 위원장으로만 15년을 활동한 영향력 있
는 인물이었다. 그가 제3의 법안을 제안하자 닉슨 행정부안과 케네
디-밀스 타협안 모두 입법이 불투명해졌다.

4) 닉슨 행정부 개혁안의 유산

–

닉슨 행정부의 포괄적 건강보험안은 입법화되지 못했지만 의회,
정책 싱크탱크 등에서 닉슨 행정부의 건강보험 개혁 아이디어를 계
속 발전시켜 나갔고, 1990년대 이후 다양한 건강보험 개혁안으로 이
어졌다. 2010년 제정된 건강보험 적정부담법은 포괄적 건강보험안
의 '고용주 건강보험 제공 의무The employer mandate'를 차용하여 고용
주가 근로자에게 건강보험을 의무적으로 제공하게 하였다.

또한, 에드워드 케네디 상원의원이 제안한 전 국민 단일 건강보
험제도는 이후 민주당 건강보험 개혁안의 기준점이 되었다. 그 예가
'전 국민 메디케어Medicare for All'로, 대표적으로 거론되는 전 국민 건
강보험 모델이다.

〈표19. 에드워드 케네디 상원의원의 의료보장법과 전 국민 메디케어〉

'전 국민 메디케어Medicare for All'에는 2가지 버전이 있다. 첫 번째는
에드워드 케네디가 제안한 1971년 의료보장법의 내용과 유사하다. 전

국민에게 필수의료에 대한 동일한 보장을 제공하고 고용주 제공 민간 건강보험은 폐지되며, '전 국민 메디케어'에 의해 보장되지 않는 항목에 대해서만 민간 보험상품을 시장에서 판매할 수 있다. 이 안은 2020년 민주당 대선후보 경선 과정에서 버니 샌더스 상원의원이 제시하였다.

두 번째는 메디케어와 메디케이드를 65세 이상과 저소득층 등에 한정하지 않고 적용대상자와 보장항목을 넓히는 점진적인 개혁안이다. 현행 고용주 제공 민간 건강보험은 유지되나, 연방정부의 메디케어가 민간 건강보험과 경쟁한다. 이용자는 연방정부 제공 건강보험과 민간 건강보험상품 간의 보장항목, 보험료, 본인부담금 등을 비교하여 자신에게 적합한 보험을 선택할 수 있다.

(7) 카터Carter 행정부 :
선先 의료비 지출 관리-후後 건강보험 확대

1977년 출범한 민주당 카터Carter 행정부는 '선先 의료비 지출 관리, 후後 건강보험 확대' 전략을 선택했다. 메디케어와 메디케이드 도입 이후 보건의료지출이 경제성장 속도를 앞지르기 시작했고, 오일쇼크 등으로 인해 1970년대 후반 거시경제환경이 악화되었기 때문이다.

헌법이 상하원에 부여한 강력한 권한은 카터 행정부 시기에도 행정부 개혁안의 운명을 결정했다. 민주당 에드워드 케네디 상원의원은 행정부안을 비판했고, 카터 행정부의 개혁안이 의료비 지출 관리에 소극적이라고 본 일부 하원 민주당 의원들도 찬성하지 않았다. 상원과 하원에서 지지를 얻지 못한 카터 행정부 개혁안은 결국 의회 입법의 문턱을 넘지 못했다.

1) 계속된 의료비 지출 증가와 카터 행정부의 개혁 방향

—

1960년대 중반 이후 보건의료 분야 지출 증가가 가속화되고, 1973년 오일쇼크로 인한 인플레이션 등 거시경제 상황이 악화되면서 물가 안정과 연방정부 재정 건전성이 주요 이슈로 부상했다. 건강보험 개혁 전략도 이로부터 자유로울 수 없었다.

1977년 출범한 카터 행정부는 국가 의료비 지출 증가세를 완화Cost control하고, 이를 전제로 더 많은 국민에게 건강보험을 제공하는 개혁 전략을 선택했다. 이에 따라, 우선과제로 의료비 지출을 억제하고 다음으로 메디케어와 메디케이드를 합쳐 연방정부 재원에 기반한 헬스케어Healthcare 제도를 신설해 저소득층 건강보험 사각지대를 줄이는 방안이 추진되었다.

〈표20. 메디케어 · 메디케이드 도입과 1970년대 국가 의료비 지출 증가 추이〉

1965년 메디케어와 메디케이드가 도입된 이후 국가 의료비 지출National Health Expenditure 속도와 규모 모두 증가세가 가팔라졌다. 메디케어-메디케이드 센터Center for Medicare and Medicaid Services 통계에 따르면, 1965년 국가 의료비 지출 연간 증가율은 8.8%로 410억 달러였으며, 국내총생산GDP 중 의료비 지출 비중은 5.6%였다.

2년 뒤 1967년 국가 의료비 지출 연간 증가율이 11.9%로 올라선 이후, 1984년까지 매년 10% 이상 국가 의료비 지출이 증가하였다.

1975년 기준 국가 의료비 지출은 1,320억 달러로 메디케어와 메디케이드가 도입된 지 10년 만에 3배 수준이 되었으며, 카터 행정부가 출범한 1977년에는 그 규모가 1,720억 달러로 더욱 늘어나 1965년 410억 달러의 4배를 상회하였다. 국내총생산 중 국가 의료비 지출 역시 1965년 5.6%에서 1977년 8.3%로 늘어났다.

의료비 지출 관리에 노력을 기울였음에도 불구하고, 카터 행정부 마지막 해인 1981년 국가 의료비 지출은 2,930억 달러로, 행정부 출범 첫해보다 70%가 많아졌다.

2) 주요 상원의원의 건강보험 개혁입법안

—

2-1) 러셀 롱Russell Long 상원 재정위원회 위원장

당시 상원에서 가장 영향력 있는 의원 중 한 사람인 러셀 롱Russell Long은 카터 행정부와 의견이 달랐고, 본인만의 건강보험 개혁안을 고수하였다. 롱 상원의원은 재난적 의료비 보장안Catastrophic coverage을 주장했는데, 한정된 재원을 가장 취약한 대상자에 집중시키는 점진적인 개혁안이었다. 연간 본인부담금이 3,500달러를 넘는 경우 고용주가 제공하는 보험이 본인부담금을 전액 부담하도록 하는 방식이다.

롱 상원의원은 제2차 세계대전에 참전하고, 1948년부터 상원의원직에 있었으며, 1966년부터 10년 넘게 상원 재정위원회 위원장을

맡았다. 상원 재정위원회는 건강보험을 포함한 대부분의 공공정책
관련 재정 이슈를 관할하므로, 카터 행정부의 개혁안 역시 상원 재정
위원회를 통과해야만 입법화될 수 있었다. 상원에서의 오랜 경력과
상원 재정위원회의 권한에 기반하여 롱 상원의원은 건강보험 개혁입
법과정에서 강한 영향력을 행사했다.

2-2) 에드워드 케네디Edward Kennedy 상원의원

전 국민 건강보험 도입은 에드워드 케네디Edward Kennedy 상원의원
의 대표 정책이었다. 케네디 상원의원은 카터 행정부 개혁안이 제시되
었던 1978년에 이미 상원의원직을 17년간 수행하며 보건의료 분야 입
법에 경력을 쌓아왔다. 그는 1971년 의료보장법 제안 이후 계속 보편적
건강보험 제도의 필요성을 주장하였으며, 1978년에는 민간 보험제공자
Private insurance carriers를 통한 기본적인 건강보험을 모든 국민에게 일괄
제공하는 안을 제시했다. 이는 케네디 상원의원 자신이 제안했던 기존
의 연방정부 단일보험자 방식의 의료보장법보다 점진적인 안이었다.

3) 카터 행정부 개혁안에 대한 연방의회의 입장
—

3-1) 선先 비용통제 전략으로 인한 하원 민주당 의원 이탈

하원 435석 중 민주당 의석은 과반이 넘는 277석이었다. 민주당
출신 카터 행정부 개혁안의 하원 통과는 어려움이 없어 보였으나, 실
제로는 그렇지 못했다. 개혁안에 포함된 보건의료 분야 지출 절감에

반대하는 일부 민주당 하원의원들이 지지를 철회했기 때문이다. 비용 통제보다 건강보험 이용자 확대를 우선순위에 두는 여당 의원의 지지를 잃은 것이다. 카터 행정부는 공화당 지지 확보를 위해 비용통제를 개혁안에 포함시켰지만, 실제 표결에서 선先 비용통제 전략만으로 공화당 찬성표를 얻는 데는 한계가 있었다. 결과적으로, 카터 행정부의 건강보험 개혁안은 양당 모두의 지지를 잃고 하원 통과에 실패한다.

3-2) 에드워드 케네디 상원의원과의 협상 결렬

카터 행정부 개혁안은 에드워드 케네디 상원의원의 지지도 얻지 못했다. 케네디 상원의원은 점진적인 개혁이 아니라 건강보험체계의 전면적인 개편을 지향했다. 케네디 상원의원의 지지 없이 법안이 상원을 통과하는 것은 사실상 불가능했기 때문에, 카터 대통령이 1978년 7월 백악관에서 케네디 상원의원과 만났으나 협상은 결렬되었다. 이후 케네디 상원의원은 카터 행정부의 개혁안이 건강보험체계의 근본적 문제는 외면한 소극적인 안이라고 비판하며 공개적으로 반대했다. 영향력 있는 케네디 상원의원의 반대는 개혁안의 상원 통과 가능성에 부정적인 영향을 미쳤다.

케네디 상원의원의 태도에는 정치적 이유도 있었는데, 자신의 대표 정책 분야인 건강보험에 대한 정책 주도권을 빼앗기지 않으려는 것이었다. 30여 년이 지난 후 카터 전 대통령은 CBS 방송 인터뷰에서 건강보험 개혁안에 대한 케네디 상원의원의 의도적 반대가 없었다면 전 국민 건강보험이 도입될 수 있었다고 언급하기도 했다.

3-3) 상원 재정위원회와 절충안 타협

하원과 케네디 상원의원이 돌아선 상황에서 카터 행정부는 의회에서 영향력이 큰 상원 재정위원회를 발판으로 입법을 추진하였다. 상원 재정위원회 위원장 러셀 롱Russell Long과의 협의를 통해 절충안을 만들어 우선 상원에서 법안을 의결하고, 뒤이어 상원 법안을 하원에서 수정 의결하는 전략이었다. 롱 상원의원의 재난적 의료비 보장안Catastrophic coverage과의 절충안은 메디케이드 기준을 전국적으로 통일하고, 지원 범위를 넓혀 저소득층 등을 두텁게 지원하는 것이었다. 메디케어 본인부담금 수준을 낮추는 것도 포함되었다.

절충안인 카터롱 법안Carter-Long health care bill은 상원에서 폭넓은 지지를 얻지 못했다. 케네디 상원의원은 또다시 반대했고, 상원 재정위원회 소속 민주당 허먼 탈미지Herman Talmadge 의원 또한 부정적이었다. 1957년부터 상원에서 활동한 탈미지 의원은 연방정부의 재정건전성을 매우 중시한 인물로, 1973년에는 연방정부의 재정적자를 금지하는 수정헌법을 제안하기도 했다. 이러한 배경에서, 그는 보다 근본적인 의료비 지출 관리 방안을 요구했다. 오랜 상원 경력과 영향력 있는 재정위원회 위원의 반대는 다른 의원들의 지지 이탈로 이어졌다. 결국 카터 행정부의 건강보험 개혁안은 입법화되지 못했다.

History of
U.S. health insurance
and
the Constitution

제5장

–

클린턴 행정부의
전 국민 건강보험
입법 실패와 헌법

1 클린턴 행정부의 건강보험 개혁 배경

(1) 1965년 절반의 성공과 중단된 전 국민 건강보험 입법

루스벨트, 트루먼, 닉슨, 카터 행정부 모두 전 국민 건강보험 도입에 실패하였다. 각 행정부 개혁안들은 헌법이 설계한 분절적 입법구조와 뿌리 깊은 '제한된 연방정부' 관념에 가로막혔다. 주를 대표하는 강한 상원과 상하원위원회의 영향력, 그리고 2년마다 치러지는 선거 주기하에서 어느 행정부도 일시에 전 국민 건강보험 도입을 실현하지 못했다.

1965년 린든 존슨 행정부만이 65세 이상을 대상으로 메디케어를, 저소득층 등을 대상으로 메디케이드를 도입하면서 절반의 성공을 이루었다. 하지만 메디케어, 메디케이드는 '3층 케이크Three-layer cake'

라고 불릴 만큼, 행정부와 상하원에 흩어진 이질적 법안들을 형식적으로 합쳐놓은 것이었다. 최선이 아닌 차선이었으며, 제도는 복잡하고 분절적이었다.

(2) 클린턴 행정부의 재시도

1993년 2월 클린턴 행정부는 출범 닷새 만에 건강보험 개혁안 전담 조직인 보건의료 개혁 태스크포스Task Force on National Health Care Reform를 만들었다. 전 국민 건강보험 입법을 최우선 과제로 한 것이다. 책임자였던 힐러리 클린턴Hillary Clinton은 내각 장관들과 함께 태스크포스 및 30여 개 분과 위원회를 이끌었으며, 반년에 걸쳐 운영된 분과 위원회에는 각 부처와 민간 보건의료 분야 전문가 500여 명이 참여하였다. 이들은 건강보험 이용자 확대뿐만 아니라 보건의료지출 완화, 장기요양 등 분야별 정책 개선안을 마련하였다. 1965년 메디케어, 메디케이드 도입 후, 한 세대가 지나 전 국민 건강보험 도입 가능성이 열리는 듯했다.

1993년 9월, 태스크포스는 의료보장법안Health Security Act을 공개하고, 힐러리 클린턴이 책임자로서 직접 법안을 발표하였다. 그는 의회 하원 에너지통상위원회Energy and Commerce Committee에 출석하여 법안 제정 취지와 주요 내용을 설명하고, 미 전역을 돌며 각 주와 경제계의 지지를 호소했다. 의회 보고 과정에서는 건강보험이 없는 사람들이 겪는 어려움과 과거 루스벨트 행정부 시기부터 반복된 전 국민 건강보험 입법 실패를 언급하며, 의료보장법 입법 시급성을 강조하기도 하였다.

**클린턴 행정부
의료보장법의 주요 내용**

(1) 건강보험 보장 대상 확대

1) 지역 건강보험 연합체Regional Health Alliance 도입

—

클린턴 행정부 개혁안의 핵심은 각 주 단위 건강보험 연합체Health Alliance를 통한 전 국민 건강보험 제공이다. 각 주 안에 있는 사업체와 개인이 건강보험 연합체에 일괄적으로 보험료를 납부하면, 건강보험 연합체는 이들을 대리하여 민간 건강보험사와 계약한다. 건강보험 연합체가 지역의 기업체, 주민을 묶어 하나의 피보험자로서 민간 건강보험을 공동 구매하는 방식으로, 건강보험 연합체의 공식 명칭은

'건강보험 구매 조합Health Insurance Purchasing Cooperatives, HIPCs'이다.

클린턴 행정부는 건강보험 연합체를 통해 더 나은 조건의 건강보험을 제공할 수 있을 것으로 기대하였다. 건강보험 연합체는 각 주의 모든 사람을 대리하기 때문에 개별 기업·개인 단위로 계약을 맺을 때보다 건강보험료 책정 과정 등에서 협상력이 높아진다. 민간 건강보험사는 건강보험 연합체와 계약을 맺지 못하면 해당 지역의 보험시장을 잃게 되므로, 외래, 입원 치료, 의약품 약제비 등에 더 좋은 조건을 제시해야 하는 상황에 놓인다. 건강보험 이용자에게 유리한 구조이다.

하지만 민간 건강보험 기업에도 이점이 있다. 건강 상태, 연령 등과 관계없이 모든 사람이 보험대상에 포함되기 때문에, 연합체 단위로 리스크 풀링Risk pooling이 가능하다. 리스크 풀링은 위험 수준이 다른 여러 개체를 하나의 집합에 포함시켜 집합 전체의 위험도를 평균 수준으로 조정하는 것을 말하는데, 건강 상태가 좋지 않은 사람과 좋은 사람이 모두 보험에 가입함으로써 역선택을 방지할 수 있다. 앞서 살펴보았듯이 역선택은 피보험자의 건강 상태와 향후 의료 이용량에 대한 정보가 부족한 상황에서, 상대적으로 건강 상태가 좋지 않은 사람만 보험에 가입하여 보험 손해율이 높아지는 상황을 뜻한다.

2) 기본 필수급여Standard benefit package 설정
—

클린턴 행정부의 개혁안은 민간 보험상품이 제공해야 하는 급여를 정하였다. 이를 기본 필수급여Standard benefit package라고 한다. 기본 필수급여에는 외래나 입원 치료뿐만 아니라, 알코올, 마약 등에 대한 중독 치료 등이 포함되었다.

기본 필수급여는 2010년 건강보험 적정부담법Patient Protection and Affordable Care Act으로 이어졌다. 건강보험 적정부담법은 일부 민간 보험사, 메디케이드 등이 의무적으로 보장해야 할 필수 보장항목 Minimum essential coverage을 규정하였는데, 필요도 높은 진료가 보장범 위에서 제외되는 것을 막기 위함이었다.

<표21. 건강보험 적정부담법ACA 필수 보장항목>

1. 외래 진료
   (Ambulatory patient services)

2. 응급의료서비스
   (Emergency services)

3. 입원 치료 (Hospitalization)

4. 산부인과
   (Maternity and newborn care)

5. 정신건강, 약물 오남용
   (Mental health, Substance abuse services)

6. 약제비 (Prescription drug)

7. 재활치료 (Rehabilitative services)

8. 진단검사 (Laboratory services)

9. 예방 · 건강증진, 만성질환 관리
   (Preventive and wellness, Chronic disease management)

10. 소아과 (Pediatric services)

3) 고용주 건강보험 제공 의무화

—

의료보장법은 건강보험 이용자를 확대하기 위해 모든 고용주가 건강보험을 제공하도록 의무화하였다. 이 내용은 공화당 닉슨 행정부가 제안했던 '포괄적 건강보험Comprehensive Health Insurance Plan'과 유사하다. 고용주는 근로자의 기본 필수급여를 보장하는 건강보험을 제공하고, 그 보험료의 80% 이상을 보조해야 한다. 근로자가 필수 의료서비스를 이용하는 비용의 상당 부분을 고용주가 부담하도록 한 것이다. 필수급여 항목은 연방정부가 정했다.

이러한 의무는 고용주에게 재정 부담을 야기하므로 법안은 그 부담이 커지지 않도록 총 부담액의 상한을 정하였다. 고용주가 부담해야 하는 보험료가 해당 사업장 임금 총액의 일정 비율 이상대규모 사업장은 임금 총액의 7.9%, 소규모 사업장은 임금 총액의 3.5%을 넘지 않도록 하였고, 그 이상 소요되는 비용은 고용주에게 보조금을 지원하는 형태로 연방정부가 부담했다.

(2) 의료비 지출 완화와 법안 시행 재원 신설

클린턴 행정부는 의료보장법Health Security Act이 시행되면 2000년까지 약 3,310억 달러가 추가 소요될 것으로 추산하였다. 대부분은 고용주 건강보험 의무화에 따른 연방정부 보조금 등에 소요되는 비용으로, 지역 건강보험 연합체가 민간 건강보험회사 간 경쟁을 유발하여 보험료 절감으로 이어진다는 전제하에 추산한 금액이다. 보험료 절감 효과를 제외하면 법 시행으로 인한 재정 소요는 더 늘어난다.

의료보장법이 연방정부 재정에 3,310억 달러만큼의 부담을 발생시킨다고 설명할 경우 상하원을 통과하기는 사실상 불가능하다. 따라서 보건의료 개혁 태스크포스는 별도 재원을 마련하여 의료보장법이 연방정부 재정적자 발생 없이 재정 중립적으로 이행되도록 하였다. 의료보장법에는 소요 재정 마련을 위해 첫째, 담배 한 갑당 75센트의 세금을 신규 부과하고, 둘째, 향후 메디케이드 650억 달러, 메디케어 1,240억 달러 지출을 줄이는 방안이 담겼다.

3 의료보장법에 담긴 입법 전략

    클린턴 행정부는 건강보험 개혁안으로 인해 연방주의자Federalist와 반연방주의자Anti-Federalist 간 대립이 재연되고, 이로 인해 개혁안이 의회에서 좌초되는 것을 막고자 하였다. 그 전략으로서, 의료보장법이 연방정부 재정 부담을 늘리거나 주정부 자율성이 축소되지 않도록 하였다.

    구체적으로는 첫째, 개혁안을 통해 연방정부 재정적자가 늘어나지 않는다. 앞서 살펴본 바와 같이 클린턴 행정부는 담배세 신설, 메디케어와 메디케이드 지출 절감 등을 통해 개혁안에 필요한 재원을 법 자체적으로 조달한다는 계획이었다. 둘째, 주州 단위 건강보험 연합체Regional Health Alliance를 도입하여, 연방정부가 아닌 주정부가 주도하여 재량을 갖고 그 지역의 건강보험체계를 개선하는 방식을 택했다. 민간 건강보험회사의 인증과 규제, 의료의 질 관련 데이터 관리 권한은 주정부가 가졌다. 이러한 권한을 바탕으로 1997년 1월까지 모든 주는 하나 이상의 건강보험 연합체를 설립하고, 그것을 운영할 기관을 지정하거나 설립하도록 되어 있었다.

이러한 연방정부 개입 최소화는 공화당이나 연방정부 재정 건전성에 민감한 민주당 의원의 반대를 최소화하여 의회 입법 가능성을 높이기 위한 전략이었다. 과거 건강보험 개혁안이 연방정부 재정 부담 증가나 주정부 자율성 축소로 이어질 경우 의회 입법과정에서 반대에 직면한 점에서 교훈을 얻은 것이다.

〈표22. '선택'과 '경쟁' 관점에서 의료보장법에 대한 시각 차이〉

클린턴 행정부는 의료보장법을 제안하면서 '경쟁'을 강조하였다. 폴 스터Paul Starr 당시 백악관 보건정책 수석보좌관Senior health-policy advisor은 지역 건강보험 연합체가 직장과 개인을 대표하여 집합적인 구매대행을 하기 때문에, 계약을 하기 위해 민간 보험사 간의 경쟁이 촉진되고 건강보험시장에서 비효율성이 감소할 것이라고 말했다.

반면, 공화당과 민간 건강보험사는 법안을 정반대의 시각에서 바라보았다. 개혁안으로 인해 중산층의 선택권이 침해받고, 연방정부 재정적자가 증가할 것이라고 생각했다. 의회 예산정책처CBO의 법안 소요 재정 추계는 이러한 우려를 한층 더 강화하였다.

4 '제한된 연방정부'와 입법 실패

　클린턴 행정부의 의료보장법 제정은 취임과 함께 속도감 있게 이루어졌음에도 불구하고, 상원과 하원 본회의에 상정조차 되지 못하고 좌초되었다. 의회와 여론의 지지 확보에 실패한 것이 주요 원인이었다.

　클린턴 행정부는 개혁안의 재정 중립성을 입증하지 못했고, 공화당을 비롯해 연방정부 재정 건전성을 중시하는 민주당 의원들이 법안에 돌아서게 만들었다. 이에 대응하여 공화당은 연방정부 개입이 적은 방식의 대안을 내놓으며 의료보장법과 클린턴 행정부를 압박하였다. 또한, 의회를 배제한 채 이루어진 클린턴 행정부의 독자적 법안 마련은 민주당 상원의원들의 법안 지지 거부로까지 이어졌다. 의료보장법안은 의회 밖에서도 직장 건강보험을 이용하는 다수 중산층과 민간 건강보험사의 불안과 반발을 불러일으켰다.

(1) 의회 예산정책처CBO 보고서와 '제한된 연방정부'

의회 예산정책처Congressional Budget Office, CBO는 의료보장법이 재정 중립적이지 않으며, 시행 시 행정부가 추산한 재원 이상이 소요된다고 발표하였다. 당초 클린턴 행정부는 의료보장법으로 인해 2000년까지 약 3,310억 달러가 소요될 것으로 예상하였으나, 예산정책처는 행정부 추산보다 약 1,300억 달러가 더 필요하다고 본 것이다. 클린턴 행정부의 예산 추계에는 지역 건강보험 연합체가 민간 건강보험 회사 간 경쟁을 유발하여 보험료 절감으로 이어지는 효과가 반영되어 있는데, 예산정책처는 이러한 비용 절감 효과가 크지 않다고 하였다. 비용 절감 효과가 크지 않으면 법안 시행에 소요되는 재원은 그만큼 늘어나게 된다.

예산정책처 추계는 클린턴 행정부에 치명적이었다. 예산정책처 추계를 근거로 공화당은 개혁안의 비효율성과 연방정부의 불필요한 확대를 비판하였고, 정책 싱크탱크인 헤리티지 재단을 비롯한 전문가 집단도 의료보장법 비판 의견을 내놓기 시작하였다. 재정 건전성에 민감한 일부 민주당 의원들도 개혁안을 회의적으로 보았다.

〈표23. 미 의회 예산정책처Congressional Budget Office의 법안 소요 비용 추계〉

- 예산정책처 점수CBO Score와 입법과정 상 영향력

1974년 설립된 의회 예산정책처는 의회에서 논의되는 법안 등에 소요되는 재정 규모와 경제적 편익을 추계한다. 편익과 소요 재정을 비교하여 해당 법안이 비용 대비 효과가 있는지를 판단하는데, 이를 '예산정책처 점수CBO Score'라고 부른다.

예산정책처의 판단, 즉, 예산정책처 점수CBO Score는 입법과정에 적지 않은 영향을 미친다. 예산정책처 점수가 낮으면 해당 법안은 상하원에서 지지를 받기 어렵다. 예를 들어, 법안 A가 시행될 경우 향후 연방 재정적자가 급속히 늘어나는 반면, 기대되는 사회적 편익은 소요 재정에 미치지 못한다고 가정해 보자. 공화당이나 재정에 대해 보수적인 민주당 의원은 법안 A를 반대할 가능성이 높고, 그만큼 법안의 의회 통과 가능성은 낮아진다. 이 때문에 의원들은 통상적으로 연방정부 재정이 소요되는 법안을 발의할 때 예산정책처 점수에 신경을 쓴다고 알려져 있다.

예산정책처의 영향력은 공화당과 민주당 모두 예산정책처 점수를 신뢰하는 것에서 비롯된다. 예산정책처는 신뢰성을 확보하기 위해 몇 가지 원칙을 두는데, 첫째, 예산정책처 점수와 법안 분석 결과를 공화당과 민주당, 일반 국민에게 동일한 시점에 투명하게 제공한다. 둘째, 비용과 편익 산출 기준 근거Rule Book를 공개하고, 그 근거의 중립성, 정확성을 담보하기 위한 노력을 지속적으로 기울이고 있다.

- 건강보험 적정부담법ACA과 예산정책처 추계 신뢰성 논란

건강보험 적정부담법을 둘러싸고 예산정책처 추계 정확성에 대한 논란이 있었다. 트럼프 행정부는, 예산정책처가 2017년까지

건강보험 적정부담법을 통해 2천 5백만 명이 새롭게 건강보험을 얻게 될 것이라고 2012년 예측했으나 실제로는 그 수치가 1천만 명에 그쳤다고 발표했다. 건강보험 신규 이용자 예측치는 법안 전체의 비용과 편익 산출액을 결정하는 중요한 지표이다. 백악관은 건강보험 적정부담법이 시행된 2010년 예측치의 정확성에도 의문을 제기하고, 2017년 당시 공화당이 추진한 더 나은 의료법안BCRA에 대한 예산정책처의 분석 역시 신뢰하기 어렵다고 지적하였다.

(2) 공화당의 반대와 대안

공화당은 건강보험 개혁에 있어 연방정부 개입을 최소화하고, 개인의 선택권과 주정부 자율성을 넓히는 방식을 선호하였다. 공화당 입장에서 클린턴 행정부의 개혁안은 수용하기 어려웠다.

우선, 공화당은 개혁안의 기본 필수급여 설정과 건강보험 연합체 도입에 반대했다. 어떤 항목을 보장할지는 보험시장에서 계약 당사자 필요에 따라 결정해야 할 사항으로, 연방정부가 필수급여 항목Standard benefit package을 정하는 것은 개인의 선택권을 제한한다는 것이다. 개인의 선택권은 전 국민 건강보험 도입 과정에서 첨예한 논쟁 대상이었다. 2012년 대통령 선거 TV 토론에서도 공화당 후보였던 매사추세츠주 주지사 미트 롬니Mitt Romney는 개인의 건강보험상품 선택 권한을 강조하고, 연방정부의 개입을 비판하기도 했다. 또한, 공화당은 지역 건강보험 연합체가 건강보험시장에 수요독점을 발생시킬 것으로 보았다. 민간 건강보험회사 입장에서는 수요자가 건강보험 연합체 하나인 상황이 되기 때문이다.

공화당의 두 번째 반대 이유는 연방정부 재정 건전성이었다. 공화당은 클린턴 행정부 주장과 달리 의료보장법Health Security Act 시행 재원을 마련하기 위해서는 재정적자 증가가 불가피하며, 이는 중산층을 포함한 국민의 부담으로 이어진다고 보았다. 의회 예산정책처 보고서가 공화당의 주장에 힘을 실었다. 이어, 여당인 민주당 다니엘 모이니한Daniel Moynihan 상원 재정위원회 위원장과 민주당 헨리 왁스맨Henry Waxman 하원 보건환경소위원회Subcommittee on Health and Environment 위원장까지 행정부의 재정 계획 실현 가능성에 의문을 제기하였다.

한편, 공화당과 정책지향이 유사한 정책 싱크탱크인 헤리티지 재단Heritage Foundation은 의료보장법의 대안을 제시했다. 주요 내용은 모든 국민에게 건강보험 구입을 위한 세액공제를 제공하고, 소득이 없거나 저소득층에게는 바우처를 지급하여 건강보험을 구매할 수 있도록 하는 것이다. 세액공제와 바우처 제공에 소요되는 재원은 고용주 제공 민간 건강보험ESI 조세 감면을 폐지하여 마련한다.

헤리티지 재단은 대안을 통해 모든 국민이 자신에게 적합한 민간 건강보험을 선택할 자율성을 갖게 된다고 보았다. 연방정부 개입은 간접적 형태인 세액공제와 바우처 제공에 그친다. 민간 보험회사가 의료기관과 의료인의 성과와 비용 등을 평가하고, 소비자는 복수의 민간 보험회사가 제공하는 보험상품 중 자신의 건강 상태 등에 적합한 것을 선택하면 된다.

공화당 돈 니클스Don Nickles 상원의원과 오린 해치Orrin Hatch 하원의원은 헤리티지 재단의 대안을 기초로 '소비자 선택권 건강보험 계획Consumer Choice Health Plan'을 제시하기도 하였다.

(3) 법안 작성 방식에 대한 불만 등으로 민주당 의원 이탈

클린턴 행정부의 보건의료 개혁 태스크포스는 의료보장법안Health Security Act을 비밀리에 작성하여 공개하였다. 상당수 의원이 1993년 9월 태스크포스가 법안을 외부에 공개한 시점에서야 그 내용을 알게 되었고, 상원에 오래 재직하며 보건의료 분야 입법에 관여해 온 의원들은 자신이 태스크포스에 참여하지 못한 것을 받아들이기 어려웠다. 이러한 법안 작성 방식은 의원들의 지지 이탈을 초래하였다.

1) 민주당 소속 상원 재정위원회 위원장 입장

–

당시 상원 재정위원회 위원장은 다니엘 모이니한Daniel Moynihan으로, 20년 가까이 상원의원에 재직하며 상원 환경위원회 위원장도 맡았던 영향력 있는 의원이었다. 케네디와 린든 존슨 행정부에서는 노동부 차관을 거치기도 했다. 민주당 행정부 경험이 많고 상원에서 영향력이 큰 그는 보건의료 개혁 태스크포스에 참여하지 못한 것에 대해 불쾌하게 생각했다고 알려졌다. 모이니한 상원의원은 클린턴 행정부의 의료보장법안을 지지하지 않았고, 재정적으로 실현 불가능한

장밋빛이라고 격하하기도 했다. 참고로, 태스크포스에 참여한 전문가들은 논의 내용을 외부에 노출하는 것이 금지되었고, 의료보장법 내용은 발표 시점까지 상원에서도 알기 어려웠다.

<표24. '추밀원'으로서 연방의회 상원의 지지 철회>

프랑스 역사가 앙드레 모루아Andre Maurois는 미국 헌법 제정자들이 상원에 영국 추밀원 기능을 기대했다고 말한다. 영국 추밀원은 국왕의 자문기구로, 연방 행정부 수장인 대통령이 내각보다 상원의 자문에 따라 국정운영을 하라는 것이다.

그는 미국 헌법에 상원의 권한은 자세히 규정된 것에 반해, 행정부 내각에 대한 서술이 없는 것도 이러한 이유 때문이라고 주장한다.

실제로 미국 상원은 오랜 재임 기간과 축적된 정책 전문성, 그리고 입법 네트워크에 기반하여 추밀원에 준하는 영향력을 행사해 왔다.

앙드레 모루아의 견해를 대입해 보면, 당시 상원에게 의료보장법 입안은 '추밀원'의 자문을 받지 않은 국정운영이었다. 결국 법안은 상원 본회의에 상정조차 되지 못했다.

2) 하원 보건환경소위원회 위원장 입장

—

의회 하원의 중심인물은 헨리 왁스맨Henry Waxman 의원이었다. 하원 보건환경소위원회 위원장인 그는 보건의료정책 입법과정에서 영향력이 컸다. 1975년부터 하원의원으로 활동하며 클린턴 행정부 당시 의회 경력이 이미 20년에 가까웠고, 대부분의 입법 경력이 보건의료 분야였기 때문이다. 그는 아동 희귀질환 치료 지원, 담배 규제 등과 관련한 다수의 법안을 입안하였고, 에드워드 케네디 상원의원과 어린이 건강보험 프로그램Children's Health Insurance Program을 도입하는 데 앞장서기도 했다.

클린턴 행정부가 하원에서 의료보장법안을 통과시키기 위해서는 반드시 왁스맨 의원의 지지가 필요하였다. 그러나 그는 개혁안 내용 중 메디케어 · 메디케이드 지출 절감 방안의 실현 가능성에 대해 회의적이었고, 클린턴 행정부가 법안의 재정 중립성을 확보하기 위해 무리하게 메디케어 · 메디케이드 지출 절감액을 산출했다고 보았다. 그는 1993년 11월 하원 보건환경소위원회에서 의료보장법에 규정된 메디케어 · 메디케이드 재정 절감 방안의 타당성 등을 들여다보기 위해 재정 청문회를 열기도 하였다. 앞서 의회 예산정책처, 공화당에 이어 하원 민주당 의원이 주관하는 소위원회까지 의료보장법의 재정 중립성에 의문을 제기한 상황에서 법안의 하원 통과를 기대하기는 어려웠다.

3) 개혁적 민주당 의원의 '단일보험자안' 주장
—

상원 재정위원회 위원장 다니엘 모이니한과 하원의 헨리 왁스맨이 의료보장법안을 지지하지 않자, 의원들도 잇따라 분열하였다. 개별 의원들의 건강보험 개혁입법 발의가 이어진 것이다. 개혁적인 의원 시각에서, 클린턴 행정부의 의료보장법안은 기존 고용주 제공 민간 건강보험을 그대로 둔 소극적이고 보수적인 안이었다.

대표적으로 하원의 짐 맥도멋Jim McDermott 의원과 상원의 폴 웰스톤Paul Wellstone 의원은 단일보험자 방식에 기반한 법안을 발의하였다. 연방정부에 의한 단일보험 제공으로, 에드워드 케네디 상원의원이 1971년 제안한 개혁안과 유사한 내용이다.

민주당 출신 상원 재정위원회 위원장이 법안을 거부하는 상황에서 민주당 상원의원들의 추가적인 이탈은 입법 가능성을 불투명하게 만들었다. 당시 상원에서 민주당 의석은 57석이었고, 공화당 필리버스터를 막기 위해서는 찬성 3표가 더 필요했지만, 민주당 웰스톤 상원의원 등이 독자적 법안을 발의하면서 과반 50석 확보조차 불투명해졌다.

(4) 중산층의 개혁에 대한 불안감과 민간 업계의 반발

의회 상하원 의원뿐만 아니라, 중산층과 민간 건강보험사들 역시 의료보장법에 부정적이었다. 의료보장법은 직장을 통해 고용주 제공 민간 건강보험ESI을 이용하는 사람들을 불안하게 만들었다. 당시 전 국민의 절반 이상이 고용주 제공 민간 건강보험을 이용하고 있었는데, 이들에게 클린턴 행정부의 개혁안은 큰 변화였다. 중산층은 지역 건강보험 연합체가 도입되면 자신이 현재 이용하는 건강보험 혜택을 잃을지도 모른다고 불안해했다. 직장을 통해 건강보험을 이용하는 중산층 상당수는 전 국민 건강보험 도입 필요성에 의문을 가지는 상황이었고, 중간선거를 치러야 하는 상하원 의원들도 중산층 여론에서 자유롭기 어려웠다.

이와 함께, 민간 건강보험사들이 클린턴 행정부 개혁안에 반대하였다. 의료보장법은 건강보험 지출 절감을 포함하고 있었고, 건강보험사들은 이것을 경영 위협으로 받아들였다. 위기의식 속에서 전미 건강보험사연합회Health Insurance Association of America, HIAA는 의료보장법을 비판하는 내용의 텔레비전·라디오 광고를 연중 송출했다. 중산층이 클린턴 행정부 개혁으로 인해 현재 이용하는 보험을 잃고 피해자가 된다는 것이 광고의 핵심 메시지였다. 당시 광고 제작·송출에 전미 건강보험사연합회는 약 1,400만 달러에서 2,000만 달러를 사용한 것으로 알려져 있다.

(5) 1994년 중간선거와 공화당 혁명

앞서 중간선거로 인해 건강보험 개혁에는 시간적 제약이 있음을 설명하였다. 클린턴 행정부 역시 1994년 11월 중간선거를 치르게 되면서, 헌법이 정한 또 다른 장벽을 만난다.

1994년 중간선거에서는 공화당이 상하원 모두에서 과반 의석을 얻었다. 하원에서 공화당 의석수는 54석이 늘어 총 230석으로, 상원에서는 8석이 늘어 52석이 되었다. 이런 의석 비율은 1952년 이후 처음으로, 공화당 혁명Republican Revolution으로 불렸으며, 중간선거로 인해 클린턴 행정부의 의료보장법 입법 가능성은 더욱 불투명해졌다.

5　의료보장법 실패를 지켜본 오바마 행정부의 입법 전략

　오바마Obama 행정부는 전 국민 건강보험 도입이라는 역사적 입법을 완수한 행정부로 기억되기를 원했다. 이를 위해 클린턴 행정부의 의료보장법 입법 실패를 반면교사로 삼고 다른 전략을 택했다.

　첫째, 오바마 행정부는 입법의 방향과 원칙만 분명히 하고, 법안의 구체적 내용은 의회 상원과 하원에서 정했다. 둘째, 이해관계자들과 중산층이 전 국민 건강보험 도입을 두려워하지 않게 하였다. 개혁입법이 민간 건강보험사와 제약·의료기기 기업들의 이익이 됨을 보여주었다. 추상적 이익이나 구호가 아닌 매출로 환산되는 금전적 이익이었다. 마지막으로, 전 국민 건강보험 도입으로 인한 연방 재정지출 증가가 통제범위 안에 있다는 점을 명확히 보여주었다. 이를 위해, 의회 예산정책처 책임자를 백악관 관리예산처Office of Management and Budget, OMB 수장으로 영입하기도 했다. 다음 장에서 오바마 행정부의 입법 전략과 의회 상하원에서 법안 논의 과정을 자세히 살펴본다.

History of
U.S. health insurance
and
the Constitution

제6장

–

환자 보호 및 건강보험 적정부담법ACA 입법과정을 제약한 헌법

1 오바마 행정부의 전 국민 건강보험 입법 전략

2010년 3월 '환자 보호와 건강보험 적정부담법Patient Protection and Affordable Care Act, ACA'이 입법되었다. 핵심 내용은 2가지이다. 첫째, 모든 개인과 일정 규모 이상 사업장의 건강보험 구매를 의무화하고, 메디케이드를 개선하여 국민 대부분이 건강보험을 이용할 수 있도록 한다. 둘째, 메디케어 등의 지출 증가세를 완화하여 국가 의료비 지출을 관리한다. 건강보험 적정부담법 제정으로 1940년대부터 이어져 온 전 국민 건강보험 도입 노력이 어느 정도 결실을 맺었다. 다만, 법이 시행되더라도 65세 이하 성인 중 94%만 건강보험을 가지게 될 것으로 추계되어 한계가 있었다.

오바마Obama 행정부는 클린턴 행정부와 지향하는 바는 같았지만,

전략은 달랐다. 오바마 행정부는 건강보험 개혁 방향과 원칙만 정한 후 입법안 작성은 의회에 맡기고, 입법이 원활히 진행될 수 있도록 지원하는 역할에 주력했다. 또한, 연방정부 재정 확대를 둘러싼 논란에 선제적으로 대응하여 전임 예산정책처CBO 수장을 영입하고, 법안이 예산정책처 점수CBO Score를 잘 받을 수 있게 노력하였다. 뿐만 아니라, 제도 변화를 우려하는 이해관계자와 중산층에게 입법이 이익이 됨을 보여주고 우호적인 여론을 조성하였다.

(1) 전략 ① : 연방의회 중심의 법안 구성

1) 행정부는 개혁 원칙만 제시

—

오바마 행정부는 건강보험 입법안을 만드는 데 직접 관여하지 않았다. 대신 2009년 2월 의회 연두교서에서 2가지 개혁 원칙을 제시하였다. 첫 번째는 건강보험 이용자 확대이다. 2009년 오바마 행정부 출범 당시 미국 인구의 15%인 약 4천 7백만 명은 건강보험이 없었다. 이들을 포함해 대다수 사람이 건강보험을 이용하도록 하는 것이 개혁의 최우선 과제였다. 두 번째는 국가 의료비 지출 증가 속도 완화Cost control이다. 2010년 미국 국가 의료비 지출은 2조 5,000억 달러로, 같은 해 프랑스 국내총생산과 유사한 규모였다. 의료비 지출 증가 속도도 빨라, 국가 의료비 지출 증가 추세가 계속될 경우 2035년에는 연방정부 전체 예산 중 절반이 의료비에 쓰일 것이라는 분석도 있었다.

다음 달인 2009년 3월 백악관은 보건의료 서밋White House Summit on Health care을 열고, 오바마 대통령이 직접 건강보험 개혁 원칙과 우선순위를 제시하였다. 대통령 취임 이후 한 달도 되지 않은 시점임을 고려하면 그만큼 건강보험 개혁 의지가 강했다. 서밋에는 행정부, 의회, 정책 싱크탱크, 학계 전문가뿐만 아니라 민간 건강보험사, 제약사 등 이해관계자가 폭넓게 참석하였다. 이 자리에서 오바마 행정부는 건강보험 개혁의 2가지 목표, 건강보험 이용자 확대와 국가 의료비 지출 관리를 명확히 했다.

다만 오바마 행정부는 개혁의 원칙을 분명히 하는 대신, 개혁의 방식을 폭넓게 열어두었다. 전 국민 건강보험 도입만 달성된다면 건강보험을 제공하는 주체가 민간이든 연방정부든, 아니면 양자가 혼재된 것이든 제한을 두지 않겠다고 말했다. 단일보험자 방식Single-payer model이나 공보험Public option 도입에 얽매이지 않고 입법을 성사시킬 수 있는 현실적인 방안을 찾겠다는 의미였다.

2) 상원과 하원의 법안 작성 지원
–

2-1) 백악관 건강보험 개혁 전담부서Office of Health Reform 설치
보건의료 서밋 직후, 백악관에 '건강보험 개혁 전담부서Office of Health Reform'가 설치되었다. 미 보건복지부 산하 메디케어-메디케이드 센터Center for Medicare and Medicaid Services에서 경력을 쌓고 테네시

주 보건복지부Tennessee Department of Human Services를 이끌었던 낸시 드팔Nancy DeParle이 책임자로 임명되었다.

클린턴 행정부도 출범 직후 보건의료 개혁 태스크포스를 설치한 바 있다. 그러나 오바마 행정부의 건강보험 개혁 전담부서는 클린턴 행정부와는 달랐다. 클린턴 행정부에서 태스크포스가 직접 의료보장법을 만들었다면, 오바마 행정부에서 건강보험 개혁 전담부서는 개혁 원칙에 따라 의회가 원활히 입법안을 마련할 수 있도록 지원하는 것이 주요 역할이었다. 예를 들어, 상원과 하원 법안 내용 차이가 커지지 않도록 중간에서 소통을 담당하고, 그 과정에서 행정부와 의회, 상원과 하원 간 개혁안 내용에 대한 공감대를 형성하였다. 이를 통해 상원과 하원은 서로의 건강보험 법안의 내용과 진행 상황을 알 수 있었다.

2-2) 의료 주요 위원회 간 공감대 형성

건강보험 법안과 관련하여 의회 내 각 위원회 간 이견을 중재하는 것도 백악관의 주요 업무였다. 미국 의회는 특정 정책 분야에 대해 2개 이상의 위원회가 동시에 관할권을 가지는 경우가 있다. 상원에서 건강보험 입법은 상원 재정위원회Senate Finance Committee와 보건교육노동위원회Senate Health, Education, Labor Committee가 관할권을 가진다. 그리고 두 위원회가 모두 동의한 내용만 최종 상원 법안에 담긴다.

재정위원회와 보건교육노동위원회는 정책적 지향점에 차이가 있다. 재정위원회가 의료비 지출 관리를 중시한다면, 보건교육노동위원회는 더 많은 사람에게 건강보험을 제공하는 것을 강조한다. 이로 인해 백악관은 두 위원회 간 의견 차이를 좁히기 위해 노력해야 했다. 특히, 각 위원회를 이끄는 두 위원장, 재정위원회 위원장인 막스 바쿠스Max Baucus, 보건교육노동위원회 위원장인 에드워드 케네디 Edward Kennedy 간 소통이 중요했다.

백악관 비서실장 람 이매뉴얼Rahm Emmanuel과 건강보험 개혁 전담 부서의 주요 임무는 두 위원회와 위원장 간 건강보험 개혁 방향에 대한 공감대를 넓히는 것이었다. 람 이매뉴얼은 1993년부터 1998년까지 대통령 선임 참모Senior Advisor to the President로 일하면서 클린턴 행정부의 의료보장법Health Security Act 입법 실패를 가까이 지켜본 바 있다. 이러한 경험에서, 오바마 행정부 출범 초기, 전 국민 건강보험 입법에 우려를 표하고 취약계층에 초점을 둔 부분적 제도 개선을 주장하기도 하였다. 그는 미국 헌법 체계 아래 전 국민 건강보험 도입이 얼마나 어려운지 경험을 통해 알고 있었고, 입법이 본격화되자 의회를 설득하기 위해 많은 힘을 쏟았다.

(2) 전략 ② :
제한된 연방정부와 재정 건전성 이슈에 대한 선제 대응

헌법 제정 때부터 있어온 '제한된 연방정부' 관념과 지난 80여 년간 건강보험 개혁과정에서 논란이 된 연방정부 재정 증가 이슈는 오바마 행정부에서도 반복되었다.

건강보험체계의 스펙트럼은 연방정부가 전 국민을 대상으로 직접 건강보험을 제공하는 단일보험자 방식Single-payer model, 개인이 연방정부가 제공하는 건강보험과 민간 건강보험사의 상품 중 하나를 선택하여 이용하는 공보험Public option 모델, 민간 건강보험시장을 통해서만 건강보험을 제공하는 형태까지 매우 다양하다. 연방정부의 개입 범위와 정도에 대해 오바마 행정부는 2009년 3월 보건의료 서밋White House Summit on Health care에서 특정 모델에 얽매이지 않겠다고 하여 개혁의 방식과 연방정부 개입 범위를 넓게 열어두었다.

또한, 오바마 행정부는 클린턴 행정부의 의료보장법안이 연방정부 재정 부담 우려로 입법 동력을 상실한 것을 감안하여, 새로운 건강보험 법안이 연방정부 재정에 큰 부담을 주지 않고 관리 가능하다는 것을 보여주어야 했다. 이를 위해서는 법 시행으로 새롭게 발생하는 지출을 충당하기 위한 재원 조달방안과 기존 의료비 지출 효율화 방안을 마련하여 의회 예산정책처로부터 좋은 '점수CBO Score'를 받는 것이 필요했다.

오바마 행정부는 건강보험 개혁안을 둘러싸고 연방정부 재정 건전성에 논란이 없도록 입법안 구성 초기부터 전임 의회 예산정책처장이었던 피터 오자그Peter Orszag를 백악관 관리예산실장으로 임명하였다. 그의 역할은 상원과 하원 입법을 지원하여 예산정책처 점수를 잘 받도록 하는 것이었다. 그는 이전부터 국가 의료비 지출 관리를 강조하고 관련 연구를 계속해 오는 등 재정 분야에 관심이 많았다. 당시 입법환경도 피터 오자그를 영입한 배경이 되었는데, 2009년은 연방정부의 재정 건전성을 중시하는 하원 '블루독 민주당 의원연합 Blue dog Democrats' 영향력이 최고조에 달한 시기였다. 이들이 하원에서 역사상 가장 많은 59석을 차지하면서, 전 국민 건강보험 입법안이 예산정책처의 부정적 평가를 받는 경우 블루독 민주당 의원연합 찬성표 확보와 의회 하원 의결을 기대하기 어려운 상황이었다.

(3) 전략 ③ : 이해관계자의 입법 찬성 유도

1) 이해관계자와의 협상 추진

－

오바마 행정부와 상하원은 보건의료 분야 기업·단체, 의회 내 개별 의원들과 적극적으로 타협하면서 건강보험 입법을 추진해 나갔다. 2009년 3월 열린 백악관 보건의료 서밋에서 오바마 행정부는 개혁 방식을 넓게 열어두고 점진적 개혁을 추진하며, 이해관계자와 협의해 나가겠다고 하였다. 당시 서밋에는 건강보험 분야에 오랜 경험을 가진 상하원 의원과 싱크탱크뿐만 아니라, 미국 의사협회American Medical Association, 미국 간호사협회American Nurse Association, 미국 제약협회Pharmaceutical Research and Manufactures of America, PhRMA, 민간 건강보험사 등이 폭넓게 참석하였다.

미국 제약협회PhRMA는 입법 반대를 위해 2억 달러의 로비자금을 준비했다고 알려져 있었다. 오바마 행정부는 이들이 건강보험 입법안을 반대하지 않도록 적극적으로 타협할 의지가 컸다. 40여 년이 넘는 상원의원 재직 기간 동안 건강보험을 비롯한 보건의료 분야 입법에 힘쓴 에드워드 케네디 상원의원의 시각도 같았다. 1960년대 이후 수많은 건강보험 입법 실패를 목격한 그는 이해관계자와의 적극적 타협과 점진적 개혁의 불가피성을 분명히 인지하고 있었다.

2) 주요 이해관계자별 협상 내용

전 국민 건강보험 도입에는 다양한 이해관계자들이 존재한다. 미국 은퇴자협회American Association of Retired Persons를 비롯하여 병원협회 America Hospital Association, 제약의료기기협회Pharmaceutical Research and Manufactures of America, 건강보험사협회America's Health Insurance Plans 등이 오바마 행정부의 주요 협상 대상이었다.

각 이해관계자들은 건강보험 개혁안에 의한 재정적 이익 증감을 회계적으로 산출한 후 찬성과 반대를 결정하였다. 이익 증가 요인은 전 국민 건강보험 도입으로 새롭게 건강보험에 가입하여 의료서비스를 이용할 3천만 명 이상의 사람이었다. 반면, 개혁안에 담긴 메디케어 지출 절감 방안, 민간 건강보험사의 의료손실비율Medical Loss Ratio, MLR 규제 등은 재정적 손실 요인이었다. 의료손실비율MLR이 80%인 경우 민간 보험사는 가입자로부터 받은 보험료 재원의 80% 이상을 직접적인 건강보험 제공에 써야 하고, 내부 행정비용이나 의료기관 네트워크 관리 등 간접 비용은 20% 이내로 유지해야 했다. 따라서 비율이 높아질수록 민간 보험사로서는 부담이었다.

2-1) 은퇴자협회American Association of Retired Persons

1958년 설립된 전미 은퇴자협회는 약 3천 8백만 명의 회원이 소속되어 영향력이 적지 않았는데, 노령연금, 건강보험을 포함한 다양한 이슈에 대해 입장을 표명하고, 협회에 유리한 정책이 입안되도록 적극적으로 노력해 왔다. 2021년에는 약 1,360만 달러를 입법 로비 등에 사용하기도 하였다.

은퇴자협회의 지지를 위해 건강보험 개혁안은 은퇴자협회 회원들의 건강보험 보장범위를 넓히는 조항을 포함하였다. 당시 메디케어 파트D는 약제비 지출이 2,960달러에서 4,700달러 사이에 있는 경우에는 약제비를 보장해 주지 않아, 그 부담을 줄이기 위해 개인이 별도의 약제비 지출 보험상품에 가입해야 했다. 건강보험 개혁안에는 메디케어 파트D의 보장 공백구간Coverage gap phase을 줄여 모든 약제비 구간을 메디케어가 보장하는 내용이 담겼으며, 전미 은퇴자협회는 법안에 찬성했다.

2-2) 병원협회America Hospital Association

보건복지는 미국 고용시장에서 가장 많은 사람이 일하는 분야이다. 2018년 소매업, 제조업 등을 제치고 '보건의료와 사회서비스Health Care and Social Assistance' 부문에서 일하는 사람이 가장 많은 것으로 조사되었다. 보건의료와 사회서비스 부문 종사자 수는 2천만 명을 상회한다. 또한, 유타, 애리조나, 매사추세츠, 펜실베이니아 등 10개 이상의 주에서 병원이 주요한 고용 주체 중 하나이다. 이는 건강보험법의 입법과정에서, 업계의 상하원 의원에 대한 직·간접적인 영향력으로 이어진다.

오바마 행정부 건강보험 개혁안의 메디케어 지급액 절감으로 인한 병원의 이익 감소는 향후 10년간 약 1억 5,000만 달러로 추산되었다. 이와 동시에, 향후 10년간 새롭게 발생하는 이익은 약 1,700억 달러로 예상되었다. 기존에 건강보험이 없던 사람들이 건강보험 가입을 통해 병원을 이용할 수 있기 때문이다. 교차보조 문제도 완화된다. 결국 재정 손실과 이익을 종합하면 전 국민 건강보험 도입 시 병원업계의 이익이 더 큰 것으로 예상되었고, 미국병원협회는 입법안을 지지하는 입장을 선택했다.

2-3) 제약의료기기협회
Pharmaceutical Research and Manufactures of America

오바마 행정부 건강보험 개혁안은 약품에 대한 접근성을 높이기 위해 약가 인하 내용을 담고 있었다. 미국 제약의료기기협회는 개혁안으로 인해 회원사에 향후 10년간 850억 달러의 수입 감소가 발생할 것으로 추산하였다.

그러나 제약업계가 얻은 것도 있었는데, 우선 제약의료기기협회가 요구하는 약품 병행수입 금지 규제 조항이 건강보험 개혁안에 포함되었다. 미국에서 개발된 동일한 약품 가격이 미국보다 캐나다에서 더 낮았는데, 병행수입이 허용되면 동일 약품을 캐나다로부터 낮은 가격에 수입하여 사용하는 것이 가능해진다. 이는 미국 제약업계 입장에서 매출 감소 요인이었다.

또한, 개혁안에 포함된 메디케어 파트D 개선 내용도 제약업계 이익과 부합하였다. 메디케어 파트D의 보장 공백구간을 줄여 모든 약제비 구간을 메디케어가 보장하면 의약품을 이용하는 사람이 많아지고, 이것이 제약업계 수익증대로 이어지기 때문이다.

미국 제약의료기기협회는 약가 인하로 인한 이익 감소, 병행수입 금지와 메디케어 파트D 개선을 통한 매출 증가 등을 종합적으로 고려하여 건강보험 개혁안 찬성 입장을 밝혔다. 당초 입법 반대 로비자금을 준비했던 제약의료기기협회는, 협상 이후 건강보험 입법을 지지하는 광고에 약 1억 달러를 지출하였다.

2-4) 건강보험사협회America's Health Insurance Plans

클린턴 행정부는 의료보장법 입안 당시 기존 건강보험체계를 뒤흔드는 지역 건강보험 연합체Regional Health Alliance를 제안하여 민간 건강보험업계의 강한 반발에 직면하였다. 반면, 오바마 행정부는 건강보험 개혁 방향을 설정하면서 단일보험자 방식, 공보험 등 특정 유형을 언급하지 않고 다양한 가능성을 열어두었다. 이러한 차이는 오바마 행정부 건강보험 개혁안에 대한 미국 건강보험업계의 찬성으로 이어졌다.

역설적인 점은 민간 건강보험사들이 오히려 강한 규제를 요청하였다는 것이다. 개인이나 기업이 건강보험을 의무적으로 구매하거나 근로자에게 제공해야 하고, 그렇지 않으면 벌금 등을 납부해야 한다는 내용이 규제의 핵심이다. 의무가입 조항은 더 많은 사람의 보험 가입과 시장 확대로 이어지기 때문에 건강보험업계 입장에서는 이익이었다.

의무가입 조항은 가입자를 늘리는 것뿐만 아니라, 건강보험시장에서 역선택을 줄이는 효과도 있다. 건강보험업계 입장에서 의료기관 이용이나 약제비 지출이 많은 사람이 그렇지 않은 사람보다 많이 보험에 가입하면 손해가 발생할 가능성이 커지기 때문이다. 의무가입 조항을 두면 건강 수준 등과 관계없이 모든 사람이 건강보험에 가입하게 되므로 역선택 가능성을 낮출 수 있어 건강보험사 입장에서 이익이었다.

② 상하원의 논쟁과 개별주의 과다대표

(1) 공보험Public option 포함 여부를 둘러싼 논쟁

의회 상하원에서 논쟁의 핵심은 공보험Public option 모델의 법안 포함 여부였다. 공보험 모델은 연방정부 재정지출과 건강보험시장 개입을 늘린다. 연방정부 규모와 개입에 민감한 미국에서는 논쟁의 대상일 수밖에 없으며, 직장을 통해 고용주 제공 민간 건강보험ESI을 이용하는 1억 명 넘는 중산층에게도 영향이 큰 사안이다.

2009년 7월 상원 재정위원회에서 웨스트버지니아주 제이 록펠러 Jay Rockefeller 의원, 뉴욕주 찰스 슈머Charles Schumer 의원은 상원 건강보험 법안에 공보험을 포함할 것을 주장하고, 이를 담은 수정법안을 제출하였다. 그러나 재정위원회 공화당 의원 전원이 반대하면서 법안은 채택되지 못했다. 공화당 찰스 그래슬리Charles Grasseley 상원의원은 공보험 모델을 도입하면 종국에는 연방정부가 건강보험 전체를 좌지우지하는 상황이 될 것이라고 주장하기도 했다. 민주당인 막스 바쿠스Max Baucus 재정위원회 위원장 역시 공보험 포함에 반대하였다. 그는 공보험 조항이 법안에 포함되면 상원 내 찬반 논쟁이 격화되고, 2010년 중간선거 이전 법안 의결이 어렵다고 보았다.

하원에서는 공보험 도입을 둘러싸고 민주당 내에서 대립이 발생하였다. 하원안에 공보험 조항이 포함되자 당시 50석이 넘는 규모의 블루독 민주당 연합 소속 의원들이 성명서를 내고 하원안에 반대한 것이다. 공보험이 포함될 경우 연방정부 재정에 지나친 부담을 준다는 것이 이유였는데, 이로 인해 법안 통과에 적극적이었던 당시 하원 의장 낸시 펠로시Nancy Pelosi와 블루독 민주당 연합 간에 설전이 있기도 하였다. 그만큼 공보험 도입 여부는 첨예한 논란거리였다.

〈표25. 의회 상하원 입법과정상 특징과 차이〉

미국 헌법이 정한 의회 입법과정의 특징은 크게 3가지이다.

첫째, 상원과 하원이 분리되어 있다. 상원과 하원은 각각 건강보험법안을 발의하고 의결한 권한이 있다. 상원은 상원대로, 하원은 하원대로 건강보험 법안을 만들어 의결하는 것이다. 다만, 상원안과 하원안은 교차 통과가 필요하다. 상원안은 하원으로 보내져 하원의 의결을 받아야 하고, 하원안도 상원으로 보내져 상원의 의결을 받아야 한다. 상원안과 하원안의 내용이 다를 수밖에 없기 때문에 이 과정에서 양원의 차이가 조정되는데, 상원과 하원 간의 법안 내용 조정을 위해 양원위원회Conference Committee와 조정절차가 별도로 존재한다.

둘째, 상원과 하원 간 의사결정 과정에 차이가 있다. 상원은 개별 의원의 자율성이 크고 의사 진행 규칙도 느슨하다. 부통령인 상원의장President of the Senate은 상원에 상정된 안건에 대한 표결권이나 발언권이 없고, 안건의 찬성과 반대 숫자가 같을 때만 예외적으로 표결할 수 있다. 이러한 상원 의사결정 구조하에서 각 주의 목소리는 커진다. 의사 진행 형식상으로도 상원은 의원마다 고유의 자리가 있고, 발언도 자기 자리에서 하게 된다.

그러나 하원은 다수결주의를 중시하고, 개별 의원의 자율성이 상대적으로 낮다. 하원에 상정되는 안건 목록과 순서는 대부분 하원의장Speaker of the House에 의해 결정되고, 하원의장이 특정 안건의 찬성표를 결집하는 경우도 많다. 의사 진행 형식에 있어서도 하원의원은 본회의장에 의원들의 지정석 없이 입장 순서대로 앉는다.

셋째, 위원회가 중첩되어 있다. 위원회 중심주의를 채택한 미국 의회는 정책이나 법률 분야별로 소관 위원회가 있다. 주목할 점은 한 정책 분야에서 2개 이상의 위원회가 중복적으로 관할권을 가진다는 것이다. 상원 재정위원회Senate Finance Committee와 보건교육노동위원회Senate Health, Education, Labor Committee 모두 건강보험 법안에 관할권이 있고, 하원 교육노동위원회Education and Labor와 세입세출위원회House Ways and Means Committee, 그리고 에너지통상위원회Energy and Commerce가 모두 건강보험 법안을 담당한다. 위원회마다 정책적 지향점이 다르기 때문에 타협과 조정이 필수적이다. 예를 들어, 상원 재정위원회는 의료비 지출 관리를 강조하고, 상원 보건교육노동위원회는 건강보험 이용자 확대를 중시하는 경향이 있다.

건강보험 입법은 위와 같이 상원과 하원, 그 안에서 다시 복수의 위원회 간 분절적인 관문을 거쳐야 하고, 각 단계가 법안 의결에 있어 거부점으로 작용하기 때문에 성사되기 쉽지 않다.

(2) 하원의 건강보험 법안 작성 과정

하원 논의 과정에서의 주요 쟁점은 법안에 단일보험자 방식과 공보험 포함 여부였다. 단일보험자 방식이나 공보험이 도입될 경우 당시 건강보험이 없던 약 4천 7백만 명의 어려움을 해결할 수 있었다. 다만, 두 대안 모두 연방정부 개입 확대와 재정지출 증가를 동반했기 때문에 찬반이 첨예했고, 하원에서 법안 의결이 지연되었다. 당시 민주당은 하원 의석 과반을 넘는 의석수를 차지하고 있었음에도 불구하고 가까스로 법안 의결에 성공할 수 있었다.

1) 상임위원회 논의와 단일보험자 방식Single-payer model 제외
―

하원에서는 교육노동위원회Education and Labor Committee, 에너지통상위원회Energy and Commerce Committee, 세입세출위원회Ways and Means Committee가 건강보험 법안 작성에 관여하였다. 에너지통상위원회와 세입세출위원회는 각각 산하 보건위원회Health Subcommittee가 있어,

이들이 법안 작성을 담당하였다. 세 위원회 법안을 병합하여 최종 하원 법안을 만들기 때문에 위원회 간 의견조율은 무엇보다 중요했다.

쟁점은 하원 법안에 단일보험자 방식Single-payer model을 포함시킬지 여부였다. 에너지통상위원회와 세입세출위원회는 소득 수준이나 고용 형태 등과 무관하게 동일한 보험자로부터 건강보험 혜택을 받을 수 있도록 단일보험자안을 선호하였다. 특히 에너지통상위원회 위원장 핸리 왁스먼Henry Waxman이 단일보험자안에 대한 의지가 강했다. 그는 1975년부터 2015년까지 40년간 캘리포니아주에서 하원의원을 지냈으며, 메디케어, 메디케이드 등 건강보험뿐만 아니라, 담배 규제와 에이즈, 중독 등 다양한 영역의 입법안을 발의하였다.

결과적으로 최종 하원 법안에 단일보험자안이 포함되지 못한 것은 2가지 이유에서였다. 첫째, 하원 통과 가능성이 낮아진다. 단일보험자안은 다른 안에 비해 연방정부의 재정지출 증가 폭이 크고, 연방정부 재정지출 증가에 민감한 블루독 민주당 연합의원들의 반대를 야기하여 법안 의결이 불투명해진다. 둘째, 상원과도 이견이 발생할 가능성이 높다. 상원은 통상 하원보다 연방정부 재정지출에 민감하고, 주정부 중심의 정책을 선호한다. 따라서 상원안에 연방정부가 주도하는 단일보험자안이 담길 가능성은 낮았으며, 하원안에만 단일보험자안이 포함되는 경우 상하원 이견으로 법안 전체가 좌초될 우려가 있었다. 30년 넘는 의회 경력에서 전 국민 건강보험 입법 실패를 수없이 목격한 핸리 왁스먼 위원장 역시 입법 가능성을 고려하여 결국 단일보험자안을 포기하고, 입법과정에서 살아남을 수 있는 현실적 법안을 선택하였다.

2) 블루독 민주당 연합Blue Dog Democrats의 영향력과 입법 지연
—

공보험Public option 도입 여부 역시 하원에서 논의되었다. 공보험안은 연방정부가 직접 운영하는 건강보험을 시장에 내놓고 민간 건강보험과 경쟁하는 방식이다. 이용자는 두 상품의 보장범위, 보험료 등을 비교하여 선택할 수 있다.

단일보험자안에 비해 점진적인 개혁임에도 불구하고, 블루독 민주당 연합의원들을 중심으로 반대가 나타났다. 이들은 공보험 도입이 연방정부 재정과 인력을 늘린다고 보았다. 블루독 민주당 연합의원을 상대로 민간 건강보험사 로비가 있었다고 알려지기도 했다. 결과적으로 하원에서 입법이 지연되기 시작하였다.

당초 오바마 행정부의 입법 전략은 속전속결이었다. 오바마 행정부는 8월 의회 여름 휴정기 동안 건강보험 개혁 논쟁이 전국적으로 격화되면서 입법 동력이 약화되는 것을 우려하였고, 그 전에 법안이 의회를 통과하기를 원했다. 그러나 결국 오바마 행정부의 건강보험 개혁 지지율은 4월 50%대에서 6월에 이미 40%대로 떨어졌다. 상하원 의원들이 각자 지역구로 돌아간 8월 휴정기 이후에는 지역을 중심으로 조직적인 반대 목소리가 확산되었다. 개인이 자율적으로 선택해 이용 중인 민간 건강보험을 '연방정부가 **빼앗아** 간다Government takeover.'는 주장이 나타났다. 연방정부 재정으로 건강보험 무임승차자에 대한 무차별적 지원이 이루어지는 반면, 열심히 일하고 세금을 납부하는 중산층은 개혁으로 인해 피해를 본다는 시각도 적지 않았다.

블루독 민주당 연합의 반대, 8월 이후 건강보험 개혁에 대한 찬반 격화 등이 맞물려 단일보험자안, 공보험안 모두 하원안에 포함되지 못했다. 의결 시점도 당초 계획했던 2009년 여름을 훌쩍 넘긴 11월에서야 가능하였다. 영국 시사잡지 〈이코노미스트The Economist〉는 하원안의 내용과 의결 시점에 결정적인 영향을 미쳤다는 점에서 2009년이 블루독 민주당 연합 영향력이 최고조에 이른 시기라고 평가하기도 했다.

3) 하원의장의 법안 찬성표 결집

—

민주당은 하원 과반을 차지하고 있었음에도 불구하고 입법안 의결에 필요한 정족수를 채우는 데 어려움을 겪었다. 미 하원은 총 의석 435석, 의결정족수 218표이고, 당시 민주당 의석수는 257석이었다. 민주당 의원만 찬성해도 쉽게 법 통과가 가능하였으나, 실제 건강보험 개혁안에 찬성 입장을 밝힌 민주당 하원의원은 2백명 남짓이었다. 과반을 차지하고 있었음에도 민주당은 건강보험 법안 의결을 장담하지 못하는 상황이었다.

이때 하원의장 낸시 펠로시Nancy Peloci는 이탈표를 돌려세워 하원에서 찬성 220표를 확보하였다. 그는 의회 내에서 타협과 거래를 통해 필요한 찬성표를 결집하는 것으로 명성이 높았다. 2006년 최초의 여성 하원의장으로 선출되기도 한 그는 선거자금 모금에 탁월한 이력이 있는 정치인이기도 하였다. 2009년 11월에도 법안 찬성에 미온적인 민주당 의원들의 입장을 바꿔놓았다.

(3) 상원의 건강보험 법안 작성 과정

상원에서는 건강보험 법안 통과를 위한 찬성 60표 확보가 이슈였다. 민주당 의석이 60석에 못 미쳤기 때문에 법안 통과를 위해서는 공화당이나 무소속 의원 찬성표를 확보해야 했다.

상원 재정위원회 위원장 막스 바쿠스Max Baucus 주도로 초당적 협력을 위해 공화당 3인, 민주당 3인의 양당 협의체가 구성되었으나, 양당 협의체 논의는 결렬되었고 공화당 의원 전원이 법안에 반대하였다. 이에 따라 무소속 의원들의 찬성 없이는 상원에서 법안을 의결하기 어려운 상황이 되었다.

무소속 상원의원의 발언권은 커졌고, 코네티컷Connecticut주와 버몬트Vermont주의 무소속 상원의원을 설득하기 위해 상원 법안 내용까지 그들의 이해관계를 반영하여 수정되었다. 두 상원의원 설득 과정은 개별 주가 상원 입법에 있어 얼마나 큰 영향력이 있는지 보여주는 사례였다.

1) 재정위원회-보건교육노동위원회 위원장 간 협력
–

상원에서 건강보험 법안은 재정위원회와 보건교육노동위원회에 의해 작성되었다. 두 위원회 간 정책적 지향점에 차이가 있음에도 불구하고 협력은 원활히 이루어졌는데, 이는 재정위원회 위원장 막스 바쿠스와 보건교육노동위원회 위원장 에드워드 케네디의 입법 의지가 강했기 때문이다. 두 의원 모두 30년 넘게 상원의원직에 있으면서 전 국민 건강보험 입법 좌초를 여러 번 목격하였다. 2009년 오바마 행정부의 개혁안 입법은 1965년 메디케어·메디케이드가 도입된 지 반세기 만에, 1990년대 초 클린턴 행정부의 의료보장법 도입 시도가 있은 지 20여 년 만에 돌아온 기회였다. 두 위원장은 기회를 놓치지 않기 위해 긴밀히 협력하였다.

2) 재정위원회 막스 바쿠스Max Bucus 위원장의 초당적 입법 노력

2-1) 공화당 의원 찬성표 확보 필요성

상원 재정위원회 위원장 민주당 막스 바쿠스는 보건위원회와의 협력뿐만 아니라, 상원 내 공화당 의원들의 표를 얻기 위해서도 노력했다. 그는 공화당과 민주당이 모두 찬성하는 초당적 협력을 통한 전 국민 건강보험 도입을 바랐다.

그가 초당적 협력에 기반한 입법을 추진한 배경은 2가지이다. 첫째, 상원에서 공화당과 민주당 의석 분포이다. 당시 공화당은 40석, 민주당은 58석, 무소속 의원은 2석으로, 공화당의 찬성표를 전혀 얻지 못할 경우 민주당과 무소속 의원의 이탈이 한 표라도 나와서는 안 되었다. 그러나 무소속이었던 버몬트주의 버니 샌더스Burnie Sanders

상원의원과 코네티컷주의 조 리버만Joe Lieberman 상원의원은 입장이 달랐다. 버니 샌더스 상원의원은 단일보험자 방식을 지지했고, 조 리버만 상원의원은 단일보험자 방식이나 공보험이 포함될 경우 반대하겠다는 의사를 분명히 밝혔다. 두 의원의 찬성표를 동시에 얻는 것은 불가능에 가까웠기 때문에 공화당 의원의 찬성표가 반드시 필요했다. 나아가, 공화당 찬성을 이끌어 내어 초당적 입법이 추진될 경우 그 정치적 상징성을 발판으로 두 무소속 의원을 더 쉽게 설득할 가능성도 있었다.

둘째, 공화당 찬성표를 얻을 경우 건강보험 개혁의 정당성과 각 주의 순응을 확보하기 쉬웠다. 한 표의 공화당 찬성도 없이 법안이 의결될 경우, 개혁안을 지지하지 않은 일부 주에서 법 집행이 원활하지 않거나 거부하는 상황이 벌어질 수 있다. 막스 바쿠스 위원장은 양당의 초당적 협력을 통한 입법을 통해 이러한 상황을 막고자 했다. 많지 않은 숫자라도 공화당 상원의원의 찬성표를 얻을 수 있다면 공화당과 민주당 모두가 찬성한 법안이라는 점에서 집행단계 불복이 쉽지 않을 것이라고 본 것이다.

〈표26. 막스 바쿠스 상원의원의 우려와 2012년 위헌 소송〉

상원에서 공화당은 단 한 명도 건강보험 적정부담법ACA에 찬성표를 던지지 않았다. 이후 법 집행 과정에서 막스 바쿠스 재정위원장의 우려는 현실로 나타났다.

건강보험 적정부담법 입법 이후, 공화당 주를 중심으로 개혁법안의 주요 내용인 메디케이드 확대Medicaid expansion 조항에 대한 위헌

소송이 제기되었다. 기존에는 주의 재량에 따라 주마다 메디케이드를
이용할 수 있는 소득 요건이나 메디케이드 보장범위가 달랐지만,
건강보험 적정부담법 시행으로 메디케이드 수급 요건이 통일되었고
필수 보장항목도 정해졌다.

위헌 소송을 제기한 측은 메디케이드 확대조항이 헌법이 보장한
주의 자율성을 침해하였다고 주장했다. 메디케이드 확대조항을
채택하지 않는 주에 대해 연방정부가 메디케이드 예산 지원을
중단하도록 한 것 역시 위헌이라고 보았다.

연방대법원은 메디케이드 확대조항이 수정헌법 제10조가 보장한
주의 권한을 침해하였다고 판시하여 원고의 손을 들어주었다. 판결
이후, 메디케이드 확대조항은 의무가 아닌 각 주의 재량 사항으로
바뀌었다. 2022년에도 텍사스주, 플로리다주 등 10개 주는 여전히
건강보험 적정부담법 메디케이드 확대조항을 시행하지 않고, 1965년
도입된 기존 메디케이드 제도를 유지하고 있다.

2-2) 초당적 협의체 '6명의 갱Gang of six' 구성과 타협 실패

상원 재정위원장 막스 바쿠스는 초당적 협력을 위해 6명의 의원으
로 이루어진 협의체를 만들었다. 민주당은 몬태나주 막스 바쿠스Max
Baucus, 뉴멕시코주 제프 빈거먼Jeff Bingaman, 노스다코타주 켄트 콘라
드Kent Conrad 의원, 공화당은 아이오와주 척 그래슬리Chuck Grassley,
와이오밍주 마이크 엔지Mike Enzi, 메인주 올림피아 스노웨Olympia
Snowe 의원이었다. 이들은 소위 '6명의 갱Gang of six'이라고 불렸다.

막스 바쿠스 위원장은 6인을 중심으로 공화당–민주당 타협안을

만들 경우 상원에서 건강보험 법안에 대한 공화당 찬성표를 얻을 수 있을 것으로 기대하였다. 6인 협의체는 30회가 넘는 회의를 통해 양당의 접점을 찾아갔다. 특히, 막스 바쿠스 위원장과 척 그래슬리 의원은 30여 년간 서로 초당적 입법을 다수 성사시킨 경험과 유대가 있었다. 두 사람은 6인 협의체를 통해 그들의 경험을 역사적인 건강보험 입법에 재현하고자 했다.

그러나 결과적으로 상원 6인 협의체의 노력은 실패하였다. 공화당은 한 명의 의원도 건강보험 법안에 찬성표를 던지지 않았다. 그 이유는 다음과 같다. 첫째, 2010년은 중간선거가 있는 해였다. 공화당은 선거전략상 민주당 정부의 건강보험 법안에 협조하여 초당적 협력 모습을 보이는 것보다, 개혁입법이 지연되고 그 과정에서 공화당의 대안을 유권자에게 제시하는 것이 더 유리하다고 판단했다. 실제로 1994년 중간선거에서 공화당이 상하원과 주지사 선거에서 압승을 거둔 공화당 혁명Republican Revolution이 일어나고, 클린턴 행정부의 입법이 좌초된 사례가 있다. 이러한 공화당 전략에 따라 미치 맥코넬Mitch McConnell 등 공화당 상원 지도부는 6인 협의체에 참여한 공화당 의원들이 타협안을 도출하지 않도록 압박했다.

둘째, 6인 협의체는 태생적 한계가 있었다. 6인 협의체에 참여한 상원의원들이 속한 아이오와Iowa주, 메인Maine주, 몬태나Montana주, 뉴멕시코New Maxico주, 노스다코타North Dakota주, 와이오밍Wyoming주는 상원 전체에 영향을 주기에는 상대적으로 작다. 6개 주 인구의 합은 8백 40만 명으로, 뉴욕시 인구 정도에 불과하다. 상원에서의 영향력이 인구수에 비례하는 것은 아니지만, 정치적 상징성을 가지고 상원 전체에 반향을 일으키기에는 한계가 있었다.

셋째, 의회 정치 지형이 변화하였다. 1980년대 이후 미국 의회에서 공화당과 민주당의 이념적 거리는 계속 멀어졌다. 그만큼 양당이 타협을 통해 공동의 정책안을 만들어 낼 수 있는 영역이 좁아졌고, 건강보험 입법에 있어서도 양당 간 타협의 여지가 적었다.

넷째, 당초 오바마 행정부는 각 의원들의 8월 지역구 활동 기간 전에 상하원 법안 의결을 완료하고자 하였으나, 계획이 지연되었다. 그리고 여름 이후에는 증세와 정부규제에 반대하고 작은 정부를 지향하는 티파티Tea party 같은 단체들이 전 국민 건강보험 입법에 반대하는 움직임을 전국화하였다. 이러한 상황은 6인 협의체에 참여하는 공화당 의원들에게 적지 않은 부담이었다.

3) 코네티컷주, 버몬트주, 네브래스카주의 과다대표
—

공화당과 민주당 사이 '6명의 갱Gang of six' 타협 가능성이 희박해지면서 공화당 상원의원 40명 누구도 찬성표를 던지지 않을 것이 확실해졌다. 상원에서 찬성 60표 확보를 위해서는 민주당 의원 58명 전원, 무소속 의원 2명의 찬성이 필요했다.

무소속 조 리버만, 버니 샌더스 상원의원과 개혁안에 미온적인 민주당 벤 넬슨 상원의원을 설득하기 위해 상원 지도부와 백악관 건강보험 개혁 전담부서는 총력을 기울였다. 각 주의 이해관계에 기반한 거래가 이루어졌고, 세 의원은 그들이 속한 코네티컷Connecticut주, 버몬트Vermont주, 네브래스카Nebraska주의 요구사항을 상원안에 추가 반영하였다.

3-1) 코네티컷주, 조 리버만Joe Liberman 상원의원 : 공보험 도입 반대

코네티컷주 조 리버만Joe Liberman 상원의원의 찬성 조건은 상원안에서의 공보험Public option 삭제였다. 공보험은 민간 건강보험사가 제공하는 보험 외에 연방정부나 주정부가 직접 제공하는 보험을 말한다. 개인은 보험료, 보장범위 등을 비교해 민간 보험과 공보험 중 하나를 선택할 수 있다. 리버만 상원의원이 공보험 도입을 반대한 표면적 이유는 재정 부담이었다. 연방이나 주정부가 직접 건강보험을 제공할 경우 재정지출이 늘어난다. 연방정부 개입에 신중한 그의 입장에서는 받아들이기 어려웠다.

한편, 리버만 상원의원이 공보험 도입에 반대하는 또 다른 이유도 있었다. 코네티컷주에는 에트너Aetna, 시그나Cigna와 같은 민간 건강보험회사 본사가 있다. 애트너는 1853년에 설립된 150년이 넘는 역사를 가진 기업으로, 가입자가 3천 9백만 명에 가깝다. 시그나 역시 2022년 매출이 약 1,800억 달러로, 같은 해 한국의 SK하이닉스 매출의 5배에 이른다. 이들 기업은 코네티컷주 재정수입과 고용 등에서 중요한 비중을 차지하는데, 공보험의 도입은 강력한 경쟁자의 등장을 의미했다. 리버만 상원의원 입장에서는 코네티컷주의 이익을 고려해야 했다.

리버만 상원의원이 공보험 도입에 반대하고 상원안에 공보험이 포함될 경우 필리버스터를 예고하자 결국 공보험 조항은 상원안에서 삭제되었다.

3-2) 버몬트주, 버니 샌더스Burnie Sanders 상원의원 : 단일보험자안 채택

버몬트주 버니 샌더스Burnie Sanders 상원의원은 단일보험자 방식Single-payer model이 도입되지 않을 경우 법안에 찬성하지 않겠다고 밝혔다. 그는 기존 건강보험체계 틀을 유지한 상원안에 반대하였다.

샌더스 상원의원은 오랜 기간 단일보험자 방식을 주장해 왔다. 그는 전 국민이 단일 건강보험제도를 통해 소득이나 건강 수준 등과 상관없이 건강보험에 동등하게 접근할 수 있어야 한다고 보았다. 이러한 시각에서, 그는 민간 보험과 공보험이 혼재된 점진적인 개혁법안에 회의적이었다.

샌더스 상원의원은 기존 메디케어 적용 대상을 확대하여 전 국민이 메디케어 하나의 보험을 이용하는 안을 제시하였다. 이와 함께, 메디케어의 보장범위를 치과, 장기요양, 지역사회 보건 서비스 등으로 넓혀야 한다고 주장하였다. 그의 메디케어 확대방안에는 일정 구간의 약제비를 보장하지 않는 메디케어 파트D의 지불 방식 개선도 포함되어 있었다.

그러나 상원 법안은 기존의 민간 건강보험, 메디케이드, 메디케어 기반의 보장체계를 유지하고 그 위에서 전 국민 건강보험을 구현하는 내용을 담고 있었다. 샌더스 상원의원은 상원 지도부, 백악관과의 협상 과정에서 단일보험자 방식을 포기하였으나, 차선으로 공보험 도입 조항이라도 명시할 것을 요구하였다. 그런데 공보험 도입은 조 리버 만 상원의원 입장과 양립할 수 없었다. 재협상이 이루어졌고, 샌더스 상원의원은 단일보험자 방식, 공보험 모두를 포기하는 조건으로 지역 사회 건강센터Community health clinic의 전국적 확대와 이를 위한 10억 달러 규모의 예산 투입을 대안으로 제시했다. 건강보험 개혁안이 입 법되더라도 여전히 해소되지 않는 건강보험 사각지대가 있고, 이러한 공백을 완화하기 위해 지역사회 건강센터가 필요하다는 입장이었다.

샌더스 상원의원의 요구에 따라 지역사회 건강센터 신설이 상원 안에 담겼고, 그가 별도의 법안을 수정 발의할 수 있도록 협의되었 다. 실제 의결될 가능성은 없더라도 그의 이름으로 단일보험자 방식 을 추가한 수정법안을 상원 전체회의에 제안할 수 있도록 하는 상징 적 조치였다.

3-3) 네브래스카주, 벤 넬슨Ben Nelson 상원의원 : 메디케이드 재정 특별 지원

네브래스카주 민주당 벤 넬슨Ben Nelson 상원의원은 메디케이드 확 대Medicaid expansion 조항을 의무가 아닌 각 주의 선택으로 변경할 것 을 요구하였다. 기존 메디케이드는 주정부가 재량으로 수급 자격, 보 장범위 등을 결정하는데, 메디케이드 확대조항은 50개 주정부가 모 두 같은 자격 요건을 적용하여 취약계층 등에게 건강보험을 제공하 도록 한다. 주정부가 메디케이드 확대조항을 채택하지 않으면 연방정부가 메디케이드 관련 모든 예산 지원을 중단했기 때문에 메디케이드 확대조항은 사실상 의무였다. 연방정부 재정 지원 없이 주정부 재정만으로는 메디케이드를 운영할 수 없었다.

넬슨 상원의원은 대안을 제시하였는데, 메디케이드 확대조항 시행 여부를 각 주가 선택하도록 하되 저소득층이 개별적으로 민간 건강보험상품을 구매할 수 있도록 보조금을 지급하는 안이었다. 그러나 메디케이드 확대시행안보다 저소득층 민간 건강보험 구매보조금 지급안에 더 많은 재정이 소요되기 때문에 상원 지도부는 이를 받아들이기 어려웠다.

상원 지도부와 넬슨 상원의원 간 타협안은 메디케이드 확대로 발생하는 네브래스카주의 추가적 재정지출 전부를 연방정부가 부담하는 것이었다. 이러한 네브래스카주 특별 지원 이외에도 낙태 관련 넬슨 상원의원의 요구사항이 상원안에 담겼다. 결과적으로, 네브래스카주는 다른 주가 얻지 못한 예외적 지원을 얻어냈다.

미국 중부에 위치한 네브래스카주는 2022년 기준 인구 약 1백 90만 명의 작은 주이다. 미국 전체 인구 3억 3천만 명의 0.5% 수준이고, 연간 총생산은 약 1,370억 달러이다. 참고로, 같은 해 텍사스주의 연간 총 생산량은 2조 3,000억 달러, 캘리포니아 주는 3조 5,000억 달러, 플로리다주는 1조 4,000억 달러 수준이다. 인구나 경제 규모를 볼 때 미국 전체에서 네브래스카주가 차지하는 비중은 적지만, 헌법이 정한 상원에서 표의 무게는 다른 주와 동등하다. 2009년 건강보험 법안 논의 과정은 그 존재감을 확인하는 자리였다.

3 상원과 하원 간 법안 협상 과정

(1) 상원 · 하원 법안 주요 내용

1) 하원 건강보험 법안 : 미국을 위한 건강보험 적정부담법
Affordable Health Care for America Act

—

하원의 건강보험 법안 '미국을 위한 건강보험 적정부담법Affordable Health Care for America Act, AHCA'이 2009년 11월 7일 의결되었다. 하원 교육노동위원회와 에너지통상위원회, 세입세출위원회가 작성한 법안을 병합한 것으로, 하원 의결정족수 218표에서 2표 많은 220표 찬성으로 통과되었다. 하원 내 공화당은 물론, 30명 넘는 민주당 소속 의원이 찬성표를 던지지 않았다.

당시 미국에서는 65세 이하 성인 중 83%가 건강보험을 이용하고 있었다. 미국을 위한 건강보험 적정부담법AHCA은 65세 이하 성인 중 96%에게 건강보험을 제공하고, 이를 위해 향후 10년간 법 시행에 1조 달러를 투자할 계획이었다. 건강보험 이용자를 늘리고, 건강보험 사각지대를 줄이기 위해 첫째, 메디케이드를 확대했다. 연방정부 빈곤 기준선Federal poverty line 소득의 150% 이하를 대상으로 일률적으로 메디케이드를 제공하는 것이다. 둘째, 메디케이드 이용자격은 없지만 재정적으로 민간 건강보험 구매가 어려운 사람들을 위해 건강보험 구매보조금Private insurance subsidy을 제공했다. 경제적 이유로 건강보험 구매가 어려운 사람들은 건강보험 구매 플랫폼Health insurance exchange에서 보조금을 지원받고 건강보험을 구매하게 되는데, 플랫폼 운영 주체는 연방정부였다. 주 경계를 두고 구매 플랫폼이 분절되지 않기 위해서이다.

미국을 위한 건강보험 적정부담법AHCA이 시행되면 당시 건강보험이 없는 약 4천 7백만 명 중 3천 8백만 명이 새롭게 건강보험을 이용할 것으로 추계 되었다.

2) 상원 건강보험 법안 : 환자 보호와 건강보험 적정부담법

The Patient Protection and Affordable Care Act

―

상원의 건강보험 법안인 '환자 보호와 건강보험 적정부담법The

Patient Protection and Affordable Care Act, ACA'은 2009년 12월 24일 의결되었다. 의결 날짜 때문에 '크리스마스이브 법안'이라고도 불렸다. 상원도 하원과 마찬가지로 공화당 의원 찬성표가 없었고, 민주당 의원과 무소속 의원만 법안에 찬성하였다. 법안은 60표로 의결Super majority되었기 때문에 공화당의 필리버스터는 허용되지 않았다.

환자 보호 및 건강보험 적정부담법ACA은 65세 이하 성인 중 94%에게 건강보험을 제공하는 것을 목표로 하였다. 하원안과 마찬가지로 메디케이드 확대와 건강보험 구매의무화를 통해 사각지대를 완화하려는 것이다. 이를 위해 향후 10년간 8,710억 달러의 재정지출이 필요했다. 건강보험 구매 플랫폼의 운영 주체는 하원안과 달리, 주정부로 규정하여, 법 집행에 있어 연방정부가 아닌 주정부가 중심적 역할을 하도록 하였다. 주를 대표하는 상원의 특성이 드러난 대목이다.

한편, 상원 내 법안 작성 과정에서 고용주가 근로자에게 제공하는 건강보험에 대한 조세 감면Exclusion of employer-paid premium 폐지 여부가 논쟁 대상이었다. 연방정부는 고용주가 부담하는 근로자의 건강보험료에 대해 과세하지 않는데, 이러한 비과세 규모는 2022년 3,480억 달러에 이른다. 같은 해 메디케어와 메디케이드 전체 예산의 25%에 달하는 규모이다. 비과세이다 보니 고용주와 근로자 모두 건강보험료 상승에 둔감해지고, 시장의 건강보험료를 높이는 주요 요인이었다.

최종적으로 상원이 의결한 환자 보호와 건강보험 적정부담법에는 고용주 부담 건강보험료 조세 감면이 유지되는 대신, '고가 건강보험 소비세High-Cost Plan Tax, HCPT'가 신설되었다. 건강보험료가 일정 금액을 넘어가면 그 부분에 대해 40%의 소비세를 과세하는 것이다. 고급 차인 캐딜락에 비유하여 캐딜락 조세Cadillac tax라고도 한다.

상원은 고가 건강보험 소비세를 통해 2가지 효과를 기대하였는데, 우선 과세 회피를 위해 과세점 이하로 건강보험료를 낮추는 것이다. 예를 들어, 고가 건강보험 소비세가 연간 보험료 2만 달러 이상 보험 상품에 적용될 경우 시장에서는 건강보험료를 2만 달러 이하로 낮추려는 하방압력이 발생한다. 실제로 2010년 법 시행 이후 2013년까지 민간 건강보험료 상승 속도가 둔화한 것으로 관찰되었다. 두 번째 효과는 조세수입이다. 고가 건강보험 소비세로 새롭게 거둬들인 수입을 법 시행의 재원으로 활용할 수 있다. 결과적으로 고가 건강보험 소비세는 조세 감면으로 인한 재정수입 상실분 중 일부를 다시 환수하는 수단이기도 했다.

(2) 양원협의회Conference Committee에서의 법안 조율

1) 헌법이 정한 입법의 마지막 단계, 양원 협의
–

상원과 하원에서 각각 건강보험 법안이 의결된 후에는 상원이 하원의 법안을, 하원이 상원의 법안을 교차하여 의결해야 한다. 그 과정에서 양원 간의 타협을 통해 상원안과 하원안 차이를 조정하는 것이 필요하다. 조정을 통해 하나의 법안이 만들어지면 각 원이 한 번 더 의결하고, 최종적인 연방 법률이 성립한다. 그 조정을 담당하는 것이 양원협의회Conference Committee이다.

대부분 법안은 상하원 간 내용 차이가 크지 않기 때문에 별도 양원 협의 없이 상하원 간 실무 조정을 거쳐 법률로 의결된다. 그러나 건강보험법은 상원의 환자 보호와 건강보험 적정부담법ACA과 하원의 미국을 위한 건강보험 적정부담법AHCA 간 내용 차이가 상당했기 때문에 양원 협의가 중요했다.

1-1) 상원과 하원 법안의 차이

상원과 하원의 법안은 목표로 하는 전 인구 대비 건강보험 이용률상원안 94%, 하원안 96%, 시행에 소요되는 재정 규모상원안 8,710억 달러, 하원안 1조 달러, 집행 주체상원안 주정부, 하원안 연방정부가 모두 달랐다.

즉, 상원과 하원 모두 건강보험 이용자를 확대하고 사각지대를 줄이는 것을 목표로 하고 있었으나, 상원은 의료비 지출 관리Cost control에, 하원은 건강보험 보장 대상자 확대Coverage expansion에 보다 중점을 두었고, 주를 대표하는 상원은 건강보험법 시행에 있어서도 연방정부를 통한 전국 단일 집행체계 대신 주정부를 중심으로 하였다는 점을 발견할 수 있다. 상원은 건강보험 구매보조금과 메디케이드 확대 수급 자격 요건을 하원안보다 엄격하게 함으로써 법 시행에 따른 재정지출 규모를 줄였다.

1-2) 상원과 하원 간 상호 견제

상원은 법안에 미온적인 의원들을 설득하는 과정에서 일부 주에 예외적 혜택을 제공했는데, 하원은 이를 받아들일 수 없었다. 특히, 벤 넬슨Ben Nelson 상원의원의 찬성표 확보를 위해 네브래스카Nebraska 주에 메디케이드 예산을 예외적으로 추가 지원한 것에 대해 하원은 부정적이었다.

상원은 그 성격상 각 주를 설득해가면서 법안을 제정해야 한다. 이러한 과정에서 일부 주의 요구사항이 법안에 담기고 그 주의 이해 관계가 법안에 과다 대표되기도 하는데, 네브래스카주가 바로 그 사례였다. 인구비례에 따른 전국 대표인 하원은 이를 수용하기 어려웠고, 결국 양원 협의 과정에서 상원은 하원 요구를 받아들여 네브래스카주 메디케이드 예산 추가 지원은 삭제되었다.

〈표27. 헌법과 하원에서의 네브래스카주 특혜 조항 삭제〉

헌법 제정 당시 큰 주와 작은 주 간에 대립이 있었다. 큰 주는 인구비례로 연방의회를 구성할 것을, 작은 주는 모든 주가 같은 수의 대표를 연방의회에 보낼 것을 주장하였다. 전자를 버지니아 플랜Virginia Plan, 후자를 뉴저지 플랜New Jersey Plan이라고 한다.

그 절충안이 현재의 상원과 하원 구성 방식이다. 현재 상원과 하원의 구성은 18세기 버지니아 플랜과 뉴저지 플랜 간 타협의 결과인 동시에, 연방의회가 보다 신중하게 법률을 제정하도록 하는 '안전장치'이기도 했다. 양원 간 합의된 내용만 법률에 담길 수 있기 때문이다. 네브래스카주 요구사항이 상원안에 담기고 결국 하원의 견제에 의해 최종 법률에서 삭제된 것은 이러한 안전장치가 작동되는 모습이었다.

1-3) 2010년 1월 건강보험 법안의 양원 협의 과정

2010년 1월 6일 건강보험 법안의 양원 협의가 시작되었다. 민주당 하원의장 낸시 펠로시Nancy Peloci와 민주당 상원의원 해리 레이드 Harry Reid가 협의를 진행하였다.

일반적으로 양원협의회는 의회 건물에서 상하원의장이 임명한 의원들이 진행하게 되는데, 건강보험 법안의 경우 백악관 부속 건물인 아이젠하워빌딩에서 행정부 수장이 양원 간 협의에 참여하였다. 건강보험 법안의 정치적 무게를 가늠할 수 있는 대목이다.

공화당은 모두 반대표를 던졌기 때문에 상하원 민주당 입장만 조율하면 되었고, 역설적으로 양원 협의는 순탄하게 이루어졌다. 이후에는 양원협의회에서 협의안을 만들고, 이것을 다시 상원과 하원에 송부하여 의결하면 법률안이 확정되는 상황이었다.

2) 2010년 1월 매사추세츠주 상원의원 보궐선거와 입법 무산 위기
—

전 국민 건강보험 도입 법안에 대해 상하원 협의가 진행된 2010년 1월, 예상치 못한 변수가 발생하였다. 매사추세츠주 상원의원 보궐선거에서 공화당 후보가 당선된 것이다. 일반적인 보궐선거와 달리 입법 전체의 운명을 결정짓는 선거였다. 선거로 인해 상원의 공화당 의석수가 40석에서 41석으로 늘고, 공화당은 양원협의회를 거친 건강보험 법안에 대해 필리버스터를 할 수 있게 되었기 때문이다. 이는 상원에서 법안 통과 가능성이 희박해짐을 의미했다.

〈표28. 2010년 매사추세츠주 상원의원 보궐선거와 건강보험 입법〉

에드워드 케네디 상원의원이 사망하면서, 2010년 1월 매사추세츠주
상원의원 보궐선거가 실시되었다. 매사추세츠주는 케네디 상원의원이
1962년부터 반세기 가까이 상원의원직을 수행한 전통적 민주당 강세
지역이었으므로 대부분이 민주당 승리를 예상하였다. 그러나 공화당,
민주당 후보 선거전략과 실책이 예상과 다른 결과를 가져왔다.

• 공화당 스콧 브라운Scott Brown 후보
하원의원 출신인 스콧 브라운은 자신이 당선되면 매사추세츠주가
상원에서 41번째 표를 행사할 수 있다고 강조하였다. 선거 구호 역시
'상원 41번째 표, 스콧 브라운 41The 41st Vote, Scott Brown 41'이었다.
그는 건강보험 개혁과 관련해서 현재 건강보험 입법 속도가
지나치게 빠르고, 각 주의 의견을 충분히 수렴하지 못한다고
주장하였다. 자신이 당선된다면 매사추세츠주 주민이 연방의회에서
건강보험법과 관련한 결정적 영향력을 행사할 수 있음을 적극적으로
내세웠다. 그는 선거운동을 위해 구형 픽업트럭으로 19만 9천 마일약
32만 킬로을 운행했다고 알려졌다.
선거운동 막바지인 2009년 12월, 스콧 브라운은 여론조사에서
민주당 후보보다 불과 3%p 뒤진 것으로 나타났다. 기대하지 않은
지역에서 선전하자 공화당 지도부는 막판에 스콧 브라운에게
전폭적으로 선거자금을 지원하였다.

• 민주당 마사 코클리Martha Coakley 후보
건강보험 법안에 담긴 고가 건강보험에 대한 조세High-Cost Plan
Tax, HCPT가 마사 코클리에게 불리하게 작용하였다. 노조는 조세

신설로 인해 건강보험 혜택이 줄어들 것을 우려하였고, 노조원 가구를 대상으로 한 여론조사에서 공화당 후보인 스콧 브라운의 지지율은 49%, 민주당 후보 마사 코클리의 지지율은 46%로 나타났다.

선거 과정에서 실수도 많았다. 선거 TV 광고에서 '매사추세츠Massachusetts 주' 영문 철자를 'Massachusettse'로 잘못 쓰거나, 라디오 인터뷰에서 커트 실링Curt Shilling이 보스턴 레드삭스의 오랜 라이벌팀인 뉴욕 양키즈NewYork Yankees 선수라고 말하기도 했다. 커트 실링은 보스턴 레드삭스Boston Red Sox의 전설적인 투수이고, 보스턴은 매사추세츠주의 주도州都이다. 이 외에 선거 활동 기간 중 마사 코클리의 결정적 실언이 있었는데, 오바마 대통령은 이를 "현대 미국 정치 역사상 가장 큰 실수 중 하나One of the great gaffe in modern American politics"라고 언급하기도 했다.

(3) 예산조정절차를 통한 건강보험 개혁안 우회 입법

보궐선거로 인해 상원에서 공화당 의석수가 41석으로 늘고 필리버스터가 가능해지자, 양원 협의를 통해 최종 법률안을 상원에 회부하는 일반적인 절차로는 법률안 의결이 어려워졌다. 이러한 상황을 타개하기 위해 '예산조정절차The reconciliation process'를 적용한 우회 입법 전략이 제시되었다.

1) 예산조정절차The reconciliation process 작동 방식

—

1974년 의회 예산법The Congressional Budget Act을 통해 예산조정절차가 도입되었다. 예산조정절차는 상원에서 절대 과반Super majority인 60표 대신 단순과반 51표의 찬성만으로 필리버스터 없이 법안 등의 의결이 가능하도록 하는 제도이다. 상원의 필리버스터로 인해 법안 의결이 어려워지고 양당 간 교착상태가 지속되는 것을 방지하고, 연방정부 필수기능이 계속되도록 하기 위함이다.

예외적인 절차인 만큼, 예산조정절차는 예산 지출, 연방 부채 한도 조정 등 연방정부 운영에 필수적인 재정·예산 관련 법안에 한정되어 적용된다. 클린턴 행정부 시기 '개인 책임과 근로 기회법The Personal Responsibility and Work Opportunity Act of 1996', 부시 행정부 시기 '경제성장과 감세법The Economic Growth and Tax Relief Reconciliation Act of 2001' 등이 예산조정절차에 따라 상원에서 의결된 바 있다.

2) 예산조정절차에 따른 건강보험 법안 의결 과정

—

예산조정절차를 통한 상원과 하원의 건강보험 법안 의결 절차는 다음과 같다. 먼저 하원이 상원에서 의결된 안을 수정 없이 그대로 하원에서 의결한다. 그리고 이를 상원에 다시 회부한다. 상원은 이미 의결한 자신의 법안이기 때문에 추가 의결이 불필요하다. 의결 절차가 불필요하기 때문에 필리버스터도 불가능해진다.

여기에는 한 가지 전제조건이 있는데, 하원이 자신의 입법안을 포기하고 상원의 개혁안을 그대로 수용해야 한다. 즉, 하원은 상원안인 '환자 보호와 건강보험 적정부담법ACA'을 그대로 받아들여 의결하고, 하원이 만든 '미국을 위한 건강보험 적정부담법AHCA'은 폐기되는 것이다.

그런데 하원은 상원안인 환자 보호와 건강보험 적정부담법ACA을 수용하기 어려웠다. 상원안은 하원안보다 건강보험법 시행에 따른 재정을 적게 책정하였기 때문에 새롭게 건강보험을 제공받는 사람 수가 적었다. 또한, 상원안에는 네브래스카주에 연방정부 재정을 별도 지원하는 내용이 포함되어 있었다.

결국 하원은 2개의 법안을 패키지로 묶어 의결한 후 상원에 보내는데, 하나는 상원안인 환자 보호와 건강보험 적정부담법ACA이고, 다른 하나는 상원안 중 재정에 관한 사항을 하원 의도에 맞게 수정한 '보건의료와 교육 법안Health Care and Education Reconciliation Act'이다. 상원안을 수정 없이 의결한 후 상원안의 내용 중 일부를 하원 선호에 맞게 수정하는 것이 목적이었다. 내용은 모두 재정에 관한 사항이기 때문에 예산조정절차가 적용되어 상원에서 단순 과반으로 의결 가능하고 공화당 필리버스터는 허용되지 않는다. 이렇게 하원이 두 법안을 패키지로 의결하여 상원에 보내면, 하원이 형식적으로 상원 법안을 그대로 수용하면서도 상원안 중 재정 사항에 관한 사항을 하원이 원하는 방향으로 변경할 수 있다.

패키지 입법을 통한 우회 전략은 상원과 하원 간의 신뢰가 있어야 가능하다. 그렇지 않다면, 하원은 최종 법률안에 목소리를 전혀 반영할 수 없고 사실상 상원 단독 입법이 된다. 예를 들어, 하원이 두 법안을 의결하여 상원에 송부했는데 상원이 보건의료와 교육 법안Health Care and Education Reconciliation Act은 의결하지 않고, 자신의 환자 보호와 건강보험 적정부담법ACA만 받아들인다면 하원의 의견은 묵살된다. 이러한 배경에서, 하원은 상원이 두 법안을 모두 의결할 것이라는 보증이 필요했고, 표결 직전 상원 지도부는 상원 민주당 의원 전원의 확약 서명이 담긴 문서를 하원의장에게 전달했다.

이 모든 과정이 헌법이 양원제를 선택했기 때문에 생겨났다. 미국 의회가 상원과 하원으로 나누어져 있지 않았다면, 또 상원에서 필리버스터 제도가 적용되지 않았다면 건강보험 입법안은 보다 짧고 간단한 과정을 거쳐 그 결론이 도출되었을 것이다. 이는 연방의회의 입법이 신중하게 이루어지기를 바란, 18세기 필라델피아에 모인 13개주 대표들의 의도이기도 하다.

3) 환자 보호와 건강보험 적정부담법 최종 의결
—

2010년 3월 21일 하원이 상원의 건강보험 개혁안을 그대로 수용하여 최종 의결하였고, 상원에 송부할 '보건의료 및 의료와 관련한 예산 조정 법안Health Care and Education Reconcilation Act'도 같은 날 의결되었다. 상원에서도 이어서 예산조정법안을 의결하였다. 의회의 의결 절차가 마무리되자 의결한 법률은 행정부로 보내졌고, 오바마

대통령이 법안에 서명하면서 '환자 보호와 건강보험 적정부담법'은
2010년 3월 23일 법률로서 효력을 발휘하게 된다.

History of
U.S. health insurance
and
the Constitution

제7장

-

환자 보호 및 건강보험 적정부담법ACA 제정 목적과 주요 내용

1 환자 보호 및 건강보험 적정부담법ACA 제정 목적

(1) 건강보험 접근성 제고와 사각지대 완화

환자 보호와 건강보험 적정부담법Patient Protection and Affordable Care Act, ACA은 오바마 행정부 출범 직후 열린 백악관 보건의료 서밋White House Summit on Health Care에서 제시된 건강보험 개혁 우선순위에 따라 제정되었다.

건강보험 적정부담법 제정 목적은 건강보험 대상자를 확대하여 기존에 건강보험이 없거나 불완전한 건강보험을 가진 사람들의 상황을 개선하는 것이다. 법 제정이 논의되던 2010년 당시 미국 인구의 15%, 약 4천 7백만 명이 건강보험이 없었다. 직접 민간 건강보험에 가입할 경제적 여건이 안 되거나, 근무하는 직장이 영세하여 건강보험을 제공받지 못하는 경우가 대부분이었다. 이들은 메디케이드를 이용하기에는 소득이 높았고, 시장에서 건강보험을 직접 구매하기에는 소득이 충분하지 않았다. 또한, 건강보험을 구매할 의사와 경제력이 있더라도 기저질환으로 인해 건강보험 계약이 거부된 사람도 적지 않았다. 기저질환이 있는 가입자는 사고율이 높은 것으로 간주되어 민간 건강보험사가 보험 가입을 거부했기 때문이다.

위와 같은 문제를 해결하기 위해 건강보험 적정부담법은 개인과 일정 규모 이상 사업장의 건강보험 구매를 의무화하였다. 또한, 메디케이드 이용자격 요건을 완화하고 50개 주에 기준을 동일하게 적용하여 저소득층 등이 보다 쉽게 공보험을 이용할 수 있도록 하였다. 기저질환을 사유로 한 건강보험 가입 거절도 금지되었다.

(2) 국가 의료비 지출 관리

건강보험 적정부담법 제정 목적에는 국가 의료비 지출 관리Cost control도 포함되어 있었다. 2010년 당시 미국의 연간 국가 의료비 지출2조 5,000억 달러은 미국 국내총생산GDP의 17%를 상회했다. 증가 속도 역시 빨라서, 매년 미국 의료비 지출 증가율은 경제성장률과 물가상승률을 웃돌았고, 메디케어와 메디케이드는 연방정부와 주정부 재정에 적지 않은 부담이었다.

의료비 지출 관리를 위해 건강보험 적정부담법은 메디케어 파트

C 수가를 조정하고, 고가 건강보험 조세High-Cost Plan Tax, HCPT를 도입했다. 각각은 공보험과 민간 건강보험료 증가세를 완화하기 위해서였는데, 실제 법 시행 후 2010년에서 2013년까지 시장에서 민간 건강보험료 증가세가 둔화되었다.

(3) 의료 질Quality of care 향상과 예방적 건강관리체계 구축

건강보험 적정부담법은 보장 대상 확대와 의료비 지출 관리 외에도 미국 보건의료체계 개선을 위한 다양한 정책과제를 담았다. 의료 질 향상을 위한 제도 및 연구기관 신설, 병원 내 감염이나 퇴원 후 재입원에 대한 제재, 의료 질 관련 정보 보고와 전자 의료기록 확대, 만성질환 발생에 영향을 미치는 식품 규제, 웰니스 프로그램 지원 근거, 민간 보험사의 간접비 지출 비중을 일정 수준 이하로 제한하고 제약·의료기기 업계의 투명성을 제고하는 정책 등이 건강보험 적정부담법에 포함되었다.

2 환자 보호 및 건강보험 적정부담법ACA 각 장의 주요 내용

(1) 건강보험 적정부담법 개괄

건강보험 적정부담법ACA은 총 열 개의 장으로 이루어져 있다. 건강보험 이용자 확대, 의료 질 향상, 예방적 건강관리, 보건의료 분야 기술혁신, 의료전달체계 내의 투명성 제고 등 건강보험을 비롯한 보건의료정책 전반에 관한 내용이 대부분이다.

정책 외에 법 시행에 소요되는 재원 마련을 위한 조세 신설, 메디케어 지출 절감 방안 등도 법에 명문화되었다. 건강보험 적정부담법 시행에 향후 10년간 9,000억 달러 이상이 소요되는데, 이를 충당하기 위해 메디케어를 비롯한 연방정부 보건 프로그램에서 향후 10년간 4,000억 달러 이상을 절감하게 되어 있었다. 이와 함께, 고소득자에 대한 메디케어 조세 세율 상향, 고가 건강보험과 의료기기 판매에 대한 소비세, 건강보험사 · 제약회사에 대한 연간 수수료 신설 조항이 담겼다.

〈표29. 건강보험 적정부담법ACA 항목별 구성〉

제1 · 2장	· 건강보험 이용자 확대 (Quality, Affordable Health Care for All Americans, The Role of Public Program)
제3장	· 의료 질과 보건의료 효과성 제고 (Improving the Quality and Efficiency of Health Care)
제4장	· 만성질환 예방과 보건 증진 (Prevention of Chronic Disease and Improving Public Health)
제5장	· 보건의료 인력(Health Care Workforce)
제6장	· 투명성 제고(Transparency and Program Integrity)
제7장	· 보건의료기술 혁신 접근성 제고 (Improving Access to Innovative Medical Technologies)
제8장	· 지역사회 요양 (Community Living Assistance Services and Supports)
제9장	· 재원 조달(Revenue Provisions)

(2) 제1장, 제2장 : 건강보험 접근성 제고

1) 건강보험 의무구매The individual/employer mandate
—

1-1) 3가지 건강보험 유형 중 건강보험 적정부담법ACA의 선택
건강보험 적정부담법의 가장 큰 목표는 건강보험이 없는 사각지

대를 줄여 최대한 많은 사람이 건강보험을 이용하도록 하는 것이었다. 이를 위해 3가지 방식이 논의되었다. 첫째, 단일보험자 방식 Single-payer model은 메디케어 제도를 기존 65세 이상에서 전 국민으로 확대하여 모든 사람이 메디케어를 이용하도록 하는 안이다. 둘째, 연방정부가 직접 공보험Public option을 운영하고, 개인은 연방정부의 공보험과 민간 보험상품 중 하나를 택하는 방식이다. 셋째, 현행 체계를 유지하되, 모든 사람의 건강보험 구매를 의무화하는 안이다. 의무화와 함께 연방정부가 경제적 여력이 없는 사람의 건강보험 구매를 보조하고, 기저질환이 있어도 보험 가입이 가능하도록 민간 보험사를 규제한다. 건강보험 구매는 의무화되더라도 개인은 여전히 시장에서 어떤 건강보험상품을 이용할지 선택권을 갖는다.

건강보험 적정부담법은 3가지 방식 중 연방정부 개입이 가장 적고 개인 선택폭이 넓은 세 번째 방안을 택했다.

1-2) 건강보험 의무구매의 구체적 내용

미국 시민권자와 미국 내 합법적 거주자는 의무적으로 건강보험을 구매해야 한다. 이를 어길 경우 세금 형태의 벌칙Tax penalty이 부과되는데, 벌칙 금액의 상한은 가구 연 소득의 2.5%이다. 50인 이상의 근로자를 고용하는 사용자 역시 근로자에게 건강보험을 제공해야 하고, 위반 시 벌칙이 부과된다.

한편, 경제적 이유로 의무구매를 이행하기 어려운 사람에게는 건강보험 구매보조금Insurance premium subsidy이 지급된다. 연방 최저소득 138%에서 400% 구간에 속하는 경우 건강보험료 일부를 연방정부가 보조하는데, 소득이 낮을수록 보조금도 커진다. 연방 최저소득 250% 이하는 구매보조금 외에 추가적으로 본인부담금Co-payment에 대한 지원도 받을 수 있다. 근로자에게 건강보험을 제공할 여력이 없는 25인 이하 소규모 사업장 또한 보조금 지원을 받는다.

보조금 지원을 받기 위해서는 주정부가 운영하는 온라인 '건강보험 구매 플랫폼Health Insurance Exchange, HIE'을 통해 건강보험을 구매해야 한다. 이 플랫폼은 건강보험 구매, 다양한 보험상품에 대한 정보 제공과 건강보험 구매보조금 지급을 담당한다. 플랫폼은 국세청 전산망과 연계되어 건강보험 구매자의 소득 수준을 파악하여 그 수준에 맞는 보조금을 책정한다. 개인과 소규모 사업장은 플랫폼에서 보장 수준에 따른 보험상품을 손쉽게 비교하고, 자신에게 적합한 건강보험을 선택할 수 있다.

입법과정에서 건강보험 구매 플랫폼HIE 운영 주체를 둘러싸고 하원연방정부과 상원주정부 간 이견이 있었으나, 결국 상원안을 중심으로 최종 법률이 만들어지면서 주정부가 플랫폼 운영 주체가 되었다. 이것은 주의 자율성을 강조한 선택이었으며, 50개 주가 각각 자신의 건강보험 구매 플랫폼을 설치하여 운영하는 방식이다.

〈표30. 건강보험 구매 플랫폼과 보험상품 유형〉

건강보험 구매 플랫폼은 개인 플랫폼American Health Benefit(AHB Exchange)과 소규모 사업장 플랫폼Small business Health Option Program(SHOP Exchange)으로 나뉘는데, 모두 주정부가 운영 주체이다. 주정부는 두 플랫폼을 별개로 운영하거나, 필요 시 하나로 통합하여 운영할 수 있다. 또한, 다른 주와 연합하여 건강보험 구매 플랫폼을 공동으로 운영하거나, 연방정부에 위탁 운영하는 것도 가능하다.

　　건강보험 구매 플랫폼에서 판매되는 건강보험 종류는 보장률총 의료비용 중 건강보험이 보장하는 비율에 따라 브론즈Bronze, 실버Silver, 골드Gold, 플래티넘Platinum이 있다. 브론즈의 보장률은 60%, 실버는 70%, 골드는 80%, 플래티넘은 90%이다. 실버 플랜은 총 의료비의 70%를 보장하며, 보장률이 올라갈수록 보험료 수준 역시 높아진다.

1-3) 건강보험 구매보조금 지급의 경제적 효과

2010년 건강보험 적정부담법 제정 당시 미국 인구의 15%가 건강보험이 없었다. 법 제정 이후 2019년까지 건강보험 구매 플랫폼HIE을 이용해 건강보험을 구매한 사람은 약 2천 4백만 명이다. 2019년의 경우 플랫폼을 통해 건강보험을 구매한 사람 중 약 80%가 연방정부의 보험료 보조금Insurance premium subsidy을 지급받았다.

이를 통해 보험료 보조금 지급 규모와 건강보험 구매 유인 효과가 비례하는 것이 확인되었는데, 보조금 지급 대상인 연방정부 빈곤 기준선 400% 이하 집단 중 소득이 더 높은 300%~400% 구간보다 300%

이하 구간에서 건강보험 구매 비율이 더 높았다. 건강보험 구매 플랫폼과 보험료 보조금을 연계 지원하여 건강보험이 없는 개인이 건강보험을 보다 쉽게 구매할 수 있도록 하는 입법 목적이 달성된 것이다.

2) 건강보험 필수 보장항목 규정
–

건강보험 적정부담법은 보험이 보장해야 할 필수 보장항목Minimum essential coverage을 명문화하였다. 건강보험상품이 부실하여 필요도가 높은 진료가 보장범위에서 제외되는 것을 막기 위함이었다. 법에서 정한 필수 보장항목은 외래진료, 응급의료, 입원 치료, 약제비 등 10개 분야였으며, 메디케어, 트라이케어Tricare, 메디케이드, 고용주 제공 민간 건강보험ESI은 필수 보장항목을 충족해야 했다. 필수 보장항목 기준을 충족해야만 건강보험 구매 플랫폼에서 거래될 수 있었다.

3) 메디케이드 확대Medicaid expansion
–

3-1) 주정부에서 연방정부로의 무게 중심 이동
메디케이드는 저소득층 등을 대상으로 연방정부가 운영하는 공보험 프로그램이다. 1965년 도입된 메디케이드의 운영 주체는 주정부로, 주정부가 이용자격, 보장범위 등의 구체적 내용을 정하였다. 심지어 메디케이드 운영 여부도 주정부의 선택이었기 때문에 1980년대 초에서야 50개 주 전체에서 메디케이드가 시행되었다.

이 때문에 주마다 메디케이드 운영에 차이가 컸는데, 건강보험 적정부담법은 메디케이드 확대Medicaid expansion 조항을 통해 이러한 방식을 바꾸었다. 메디케이드 이용자격을 50개 주 전체에 통일시켜 연방정부 빈곤 기준선 138% 이하인 사람은 모두 메디케이드를 이용할 수 있도록 한 것이다. 앞서 살펴본 건강보험 의무구매와 함께 생각해 보면, 연방정부 빈곤 기준선 400% 이하에 속하는 개인은 건강보험 구매에 필요한 보조금을 지급하고, 138% 이하는 메디케이드를 제공해 건강보험 사각지대를 완화하려는 전략이었다.

메디케이드 확대조항은 주정부의 추가적 재정 부담 이슈를 가져왔는데, 메디케이드 확대로 더 많은 사람이 제도를 이용하면 주정부의 재정지출도 늘어나기 때문이다. 재정 상황이 좋지 못한 주는 메디케이드 확대에 어려움을 겪을 가능성이 높았다. 이에 대응하여, 건강보험 적정부담법은 메디케이드 확대로 인해 주정부가 추가 부담해야 하는 재정 소요 전부를 2016년까지 연방정부가 부담하도록 하였다. 이후에는 점차 주정부의 비중을 늘려 2020년부터는 소요예산 90%를 연방정부가, 10%를 주정부가 부담하도록 규정하였다.

3-2) 메디케이드 확대 반대 : 위헌 소송과 수정헌법 제10조

건강보험 적정부담법 제정 직후 메디케이드 확대에 반대하는 위헌 소송이 제기되었다. 메디케이드 확대를 채택하지 않을 경우 연방정부 예산 지원을 중단하는 내용이 사실상 연방정부가 주정부를 대상으로 메디케이드 확대를 '강제Coercion'한다는 것이었다. 이는 주정부 선택으로 운영되는 메디케이드 제도 취지에 맞지 않고, 주의 자율성을 보장한 수정헌법 제10조에도 위배된다고 보았다. 다시 말해, 메디케이드 확대조항 채택 여부는 주의 선택에 맡겨야 하며, 메디케이드 확대조항을 시행하지 않는 주에 대해 기존 메디케이드 예산 지원까지 중단하는 것은 주의 선택권을 사실상 박탈하는 조치라는 것이다.

연방대법원은 2012년 판결에서 원고 주장을 일부 인용하였다. 판결 내용은 메디케이드 확대조항 시행은 가능하나, 그 조항을 채택하지 않는 주에 대해 기존 메디케이드 예산 지원까지 중단하는 것은 헌법에 위배된다는 것이었다. 연방대법원 판결에 따라 건강보험 적정부담법 메디케이드 확대조항 채택은 주정부의 선택사항이 되었다. 앞서 설명한 바와 같이, 여전히 10개 주는 기존 메디케이드 제도를 유지하고 메디케이드 확대조항을 시행하지 않고 있다.

〈표31. 수정헌법 제10조와 미국 건강보험체계의 분절화〉

2012년 메디케이드 확대Medicaid expansion 조항에 대한 연방대법원
판결로 미국 건강보험체계 분절화는 다시 심화되었다. 메디케이드
확대조항 채택 여부에 따라 각 주를 경계로 건강보험제도 운영이
달라졌기 때문이다.
    연방대법원의 판결 근거는 '수정헌법 제10조'였다. 수정헌법
제10조는 1787년 미국 헌법 제정 직후, 연방정부가 개인과 주의 권리를
부당하게 침해할지도 모른다는 불안감에서 1791년 제정되었다. 그만큼

새롭게 창설된 연방정부의 무분별한 확장을 우려하는 목소리가 컸다.

연방대법원 판결은 건강보험체계의 복잡성을 줄이는 것보다 각 주의 권리보장이 헌법적으로 더 중요하다는 인식을 보여준다. 메디케이드가 주를 경계로 더 분절화되어 사회적 비용을 발생시키더라도, 헌법이 보장한 주의 자율성을 희생할 수 없다는 뜻이기도 하다.

4) 피보험자 기저질환 차별 금지

—

2010년 법 제정 당시 건강보험을 구매할 의사와 보험료 부담 능력이 있음에도 불구하고 기저질환 때문에 건강보험 계약이 거부되어 보험이 없는 사람이 5백만 명에 이르렀다.

건강보험 적정부담법은 기저질환Preexisting condition이 있는 사람에 대한 보험사의 계약거부를 금지했다. 가입 이후 생겨난 질환을 이유로 건강보험 제공을 거부하거나, 성별이나 직업군을 이유로 건강보험료를 차등하는 것도 허용하지 않았다. 건강보험 가입자가 연간 또는 평생 사용할 수 있는 보험금 상한을 정하는 것도 금지되었다. 이러한 조치들은 모두 건강보험 가입을 보다 용이하게 하고, 가입 이후에도 건강보험의 실질적 이용에 제한이 없도록 하기 위해서이다.

(3) 제3장 : 국가 의료비 지출 관리

1) 메디케어 파트C 수가 조정

–

메디케어 파트C는 파트A외래, 파트B입원 이용자를 대상으로 파트 A, B가 보장하지 않는 의료행위를 보장하는 프로그램이다. 다른 이름은 '메디케어 어드밴티지Medicare Advantage'이다. 가입은 선택사항이며 2022년 기준 메디케어 가입자 중 약 45%가 이용하고 있다. 가입자는 정액을 납부하고 관리의료체계를 통해 의료를 이용한다.

건강보험 적정부담법 제3장은 연방정부의 메디케어 파트C 재정 지원을 줄여 파트C 지출을 절감하도록 하였다. 동일한 의료행위에 대해 메디케어 파트 C는 파트A·B보다 약 15% 높게 비용을 지불해 왔으며, 고비용 구조의 개선 필요성이 계속 제기되어 왔다. 이와 함께, 메디케어를 통해 지급되는 병원 수가를 조정하는 내용이 법에 포함되었다. 병원 내 생산성이 증가하면 더 낮은 수가로 동일한 수준의 의료가 가능하다고 보고, 그만큼 메디케어 수가를 조정하는 내용이다.

2) 고가 건강보험상품 소비세High-Cost Plan Tax 부과

–

고가 건강보험 소비세High-Cost Plan Tax, HCPT도 의료비 지출 관리 차원에서 법에 새롭게 도입되었다. 건강보험료가 연간 가족 단위 2만 8,000달러, 개인 단위 1만 달러2018년 기준를 넘으면 그 초과분에 대해 40%의 세율로 세금이 부과된다.

고가 건강보험 소비세가 도입된 목적은 크게 2가지였다. 첫째, 건강보험료 인상 억제이다. 세금 부과로 보험상품의 가격이 상승하면 그만큼 해당 상품의 시장경쟁력이 낮아지므로 보험사는 고가 건강보험 조세 부과 기준 이하로 건강보험료를 책정할 유인이 있다. 둘째, 소득 역진적 상황 개선이다. 고가의 건강보험은 통상 고용주 제공 민간 건강보험ESI인데, 고가의 건강보험을 제공하는 사업장이라면 임금 수준도 높을 것이다. 건강보험은 비과세이므로 연방정부는 임금 수준이 높은 근로자에게 더 많은 조세 감면의 혜택을 주게 되고, 이는 소득 역진적인 상황을 야기한다. 고가 건강보험 소비세는 이러한 소득 역진적인 혜택을 세금 형태로 회수한다.

다만, 조세 부과보다는 고용주 제공 민간 건강보험에 대한 조세 감면Tax exclusion을 폐지하는 것이 근본적 대안이다. 실제로 2009년 상원 건강보험 개혁안 논의 전에 조세 감면 폐지 논의가 있었으나, 직장을 통해 건강보험을 이용하는 중산층 가구의 불안감 등을 우려하여 입법화되지 못했다.

3) 책임의료조직Accontable Care Organization 도입
—

3-1) 관리의료조직의 확산

관리의료조직Managed Care Organization, MCO은 의료 제공과 보험자 기능을 통합한 의료전달체계이다. 건강보험사가 의료제공자와 보험자 역할을 동시에 수행하는 것이다. 1970년대에 도입되어 계속 확산되었다. 카이저 재단Kaiser Family Foundation 조사에 따르면, 2023년 메디케이드 이용자의 72%가 관리의료조직에 등록하였으며, 고용주 제공 민간 건강보험ESI 이용 근로자의 47%가 관리의료조직의 한 유형인 선호제공자조직PPO을 이용하였다.

관리의료조직의 주요 특성 중 하나는 비용 책임성이다. 관리의료조직에 속한 의료제공자는 사전에 정해진 비용 제약과 의료 질 목표를 부여받는다. 의료제공 과정에서 비용 제약을 초과하는 경우 추가 비용은 피보험자가 아닌 관리의료조직이 부담한다. 1965년 메디케어 · 메디케이드 도입으로 미국 의료비 지출이 본격 증가하자 의료비 지출 관리 필요성이 대두되었고, 다양한 유형의 관리의료조직이 확산되었다.

1973년에는 건강유지조직법Health Maintenance Organization Act이 제정되었다. 건강유지조직HMO은 가입자에게 연회비 정액을 받고 의료서비스 등을 제공하였는데, 건강유지조직을 이용하는 개인은 사전에 지정된 의료기관만 제한적으로 이용 가능했다. 예를 들어, 100개 의료기관을 네트워크로 하는 A라는 건강유지조직에 가입한 개인은 그 네트워크에 속하지 않은 의료기관을 이용할 경우 건강보험을 이용하기 어려웠다. 이러한 제한으로 인해 건강유지조직은 의료비 지출 관리 측면에서 장점이 있었으나, 이용자의 불편이 적지 않았다. 이후, 이를 보완해 의료기관 네트워크 밖 의료기관 이용도 보장하는 선호제공자조직Preferred Provider Organizaion, PPO 등이 등장하였다.

〈표32. 1990년대 관리의료조직의 의료비 지출 억제와 한계〉

관리의료조직은 1990년대 의료 분야 지출 증가세 완화에 일정
부분 기여하였다. 1965년 메디케어 · 메디케이드 도입 이후 1990년대
초반까지 국가 의료비 지출National Health Expenditure은 급속히
늘어났다. 1966년과 1971년 사이 미국 국내총생산은 연평균 7.4%
증가하였으나, 국가 의료비 지출은 연평균 12.3% 증가하였다.
1980년과 1990년 사이에는 의료비 지출 증가율이 물가상승률의
4배에 이르고, 경제성장률을 앞질렀다. 그런데 1990년대에 이르러
국내총생산 중 의료비 지출 비중이 13%대에서 안정화되었는데, 그
요인 중 하나로 관리의료조직 확산이 거론되었다.

그러나 2000년대 들어 의료비 지출 비중은 다시 늘어나기 시작한다.
의료비 지출 증가율이 경제성장률을 상회하고, 경제 전체에서 의료비
지출 비중 역시 증가하였다. 2000년 국내총생산 중 의료비 지출
비중이 13% 수준인데 반해, 2010년에는 그 수치가 17%를 넘었다.
이에 대해, 노스웨스턴대학교 로버트 고든Robert Gordon 교수는
1970년대 이후 한 세대에 걸쳐 나타난 관리의료조직MCO의 의료비
지출 절감 효과가 2000년대 들어서 한계에 다다랐다고 해석하였다.

3-2) 책임의료조직의 등장

책임의료조직Accountable Care Organization, ACO은 비용과 의료 질에
대한 공동 책임을 지는 보건의료제공자 집단을 말한다. 즉, 의료인,
의료기관, 퇴원 후 관리기관 등이 의료서비스를 통합적으로 제공하
고, 이들은 공통의 예산제약과 의료 질 목표에 구속된다. 예를 들어,

1년간 1천 명의 메디케어 가입자를 대상으로 서비스를 제공하고, 총 비용을 1,000만 달러 이내로 관리하는 책임의료조직을 상정해 보자. 해당 조직에 속한 의료 공급 주체 A가 비용을 과다 지출할 경우 다른 주체 B는 그만큼 이용 가능한 재원이 줄어들어 필요한 의료를 충분히 제공하기 어렵다. 결과적으로 A와 B는 적정 의료서비스의 양 제공에 있어 균형을 잃고, 당초 목표했던 의료 질 달성도 어려워진다. 이렇게 비용을 공유하는 구조 안에서, 책임의료조직은 정해진 의료비 지출 범위 내 목표한 의료 질을 달성하기 위해 최적의 의료 조합과 양을 찾아야 하는 유인이 있다.

이처럼, 정해진 의료비 지출 범위 내에서 의료 질을 관리한다는 측면에서는 책임의료조직 역시 관리의료조직과 유사하나, 관리의료조직 초기 형태인 건강관리조직과 차이점이 있다. 먼저, 책임의료조직의 메디케어는 네트워크 밖 의료기관 이용이 가능하기 때문에 의료제공자 네트워크가 건강관리조직보다 개방적이고, 피보험자의 의료기관 선택권이 넓다. 다음으로, 건강관리조직은 비용관리에 초점을 두고 포괄수가제, 총액 계약제 등 특정 지불 방식을 한정적으로 적용한 데 반해, 책임의료조직은 행위별 수가제를 일부 허용하는 등 지불 방식에 있어 공급자들의 선택권을 유지하였다. 또한, 재정성과와 의료 질을 제도적으로 연계하여 의료 질 목표를 달성하고 비용을 절감한 경우 의료제공자에게 재정적 보상도 제공하였다.

3-3) 메디케어 전달체계로서 책임의료조직

책임의료조직ACO이 메디케어 의료전달체계로 인정받기 위해서는 일정 요건을 충족해야 했다. 메디케어 책임의료조직은 5천 명 이상의 메디케어 가입자를 대상으로 의료서비스를 공급하고, 의료 질과 진료 성과 관련 데이터를 미국 보건복지부 산하 메디케어-메디케이드 센터Center for Medicare and Medicaid Services, CMS에 보고해야 했다. 또한, 재정 절감분을 공급자에게 분배하는 성과보상 구조를 갖추고, 근거 기반 환자 참여 진료체계를 갖추어야 했다.

건강보험 적정부담법상 책임의료조직에는 메디케어 재정 절감 보상 프로그램Medicare Shared Savings Program, MSSP, 인프라 구축지원 유형Advanced payment ACO, 선도 유형Pioneer ACO이 있다.

① 메디케어 재정 절감 보상 프로그램Medicare Shared Savings Program

2012년부터 운영된 메디케어 재정 절감 보상 프로그램MSSP은 사전에 정한 의료 질 성과목표를 달성하고 보장범위, 보험료 등이 유사한 '벤치마크 건강보험' 대비 의료비 지출을 절감한 경우 그 절감분에 대한 재정성과를 보상하는 책임의료조직이다. 2016년 기준 메디케어 재정 절감 보상 프로그램에 속하는 책임의료조직의 56%가 벤치마크 건강보험 대비 비용을 절감한 것으로 나타났다.

② 인프라 구축지원 유형Advanced payment ACO

낙후된 지역의 소규모 의료제공자처럼, 책임의료조직 운영을 위한 물적 인프라가 부족한 경우 적용되는 유형이다. 연방정부는 부족한 인프라를 확충하기 위해 책임의료조직을 운영하는 데 필요한 시설·장비 비용 등을 선불로 지급한다. 수가 지불은 행위별이 아닌 책임운영조직에 속한 환자 수를 기준으로 이루어진다.

③ 선도 유형Pioneer ACO

재정 절감 성과에 대한 성과급 비율이 높은 대신, 성과를 달성하지 못할 경우 손실 규모도 큰 고성과-고위험 유형이다. 목표한 의료 질과 재정성과를 달성하지 못할 경우 손실을 부담해야 한다. 이 때문에 관리의료조직 운영 경험이 풍부하고, 인프라를 잘 갖춘 의료제공자가 선도 유형 책임의료조직 적용 대상이 된다. 2010년 건강보험 적정부담법ACA 시행 이후 2012년부터 2016년까지 시범 운영되었으며, 운영 기간 대부분 벤치마크 건강보험에 비해 비용 절감을 달성하였다.

4) 국가 의료비 관리를 위한 전문 기구 신설

4-1) 독립지불위원회

건강보험 적정부담법은 메디케어 지출 관리를 위해 독립지불위원회Independent Payment Advisory Board, IPAB 설치 근거를 두었다. 15명으로 구성된 독립지불위원회는 의료비 지출이 과도하게 늘어나면 메디케어 지출 절감 조치를 의회에 제출하고, 이는 의회를 구속한다. 의회는 위원회가 제안한 조치보다 감액이 큰 별도의 방안이 있는 경우에만 이를 채택하지 않을 수 있다.

메디케어 지출 관리는 단순 의료비 지출 관리를 넘어서, 연방정부 재정의 지속 가능성과도 관련되어 있다. 메디케어 지출을 관리하기 위한 별도의 위원회를 신설한 것은 그만큼 메디케어 지출 규모가 크고, 증가 속도가 빨랐기 때문이다. 건강보험 적정부담법 제정이 추진된 2010년 연간 메디케어 지출 규모는 5,240억 달러였다. 같은 해 연방정부 예산 총액은 2조 4,000억 달러로, 메디케어 단일 지출이 연방정부 전체 지출의 5분의 1이 넘는 22%를 차지했다. 메디케어 지출은 2020년 8,290억 달러로 10년간 1.5배 가까이 늘어났다. 2030년에는 1조 5,000억 달러로, 한화 2,000조 원 수준에 이를 것으로 전망된다.

〈표33. '죽음의 위원회Death Panel'로 불린 독립지불위원회〉

2012년 대통령 선거운동 과정에서 건강보험 적정부담법ACA상 '독립지불위원회IPAB'의 필요성에 대해 찬반이 첨예하게 대립했다. 선거 TV 토론회에서 민주당 오바마 후보와 공화당 미트 롬니Mitt Romney 후보 간에 설전이 벌어졌는데, 롬니는 독립지불위원회가 개인의 건강보험 자기 결정권을 침해한다고 비판했다. 메디케어가 보장하는 항목과 보장하지 않는 항목을 위원회가 일방적으로 결정하고, 이로 인해 메디케어를 이용하는 개인의 선택권이 침해된다는 것이다.

알래스카 주지사 사라 팰린Sara Palin은 독립지불위원회가 특정 진료를 받을 수 있을지에 대한 여부를 결정하게 되는 '죽음의 패널Death Panel'이며, 연방정부가 메디케어에 지나치게 개입한다고 비판하였다. 미국인들에게 메디케어는 복지 프로그램이 아닌 나의 정당한 '권리'로 인식되는데, 일하면서 메디케어 조세를 납부하고 은퇴 후 본인 기여분을 건강보험으로 돌려받기 때문이다. 메디케어 제도에 발생하는 변화는 '권리'에 대한 연방정부의 '자의적 개입'으로 인식된다. 건강보험 적정부담법 제정 당시 법 제정에 반대하는 구호인 "내 메디케어를 내버려 둬Don't touch my Medicare."와 사라 팰린의 주장은 이러한 시각을 잘 나타낸다.

4-2) 메디케어 · 메디케이드 혁신 센터

건강보험 적정부담법에 의해 신설된 메디케어 · 메디케이드 혁신 센터Center for Medicare and Medicaid Innovation, CMMI는 메디케어와 메디케이드의 불필요한 지출을 줄이고, 의료 질Quality of care을 높이기 위한 연구 및 시범사업을 수행하는 기관이다. 기존 행위별 수가제를 대체하는 지불체계를 개발하고, 메디케어 · 메디케이드 의료전달체계를 개선하는 것을 주된 기능으로 하고 있다. 메디케어 · 메디케이드 혁신 센터CMMI는 미국 보건복지부 산하 메디케어-메디케이드 센터CMS 내에 설치되어 있으며, 미국 보건복지부는 메디케어 · 메디케이드 혁신 센터가 수행한 시범사업 중 의료 질 저하 없이 비용을 절감한 모델을 확산하여 의료전달체계를 개선하는 전략을 추진하고 있다.

(4) 제4장 : 예방적 건강관리와 의료 질 제고

1) 예방적 건강관리

—

건강보험 적정부담법 제4장은 질병의 조기 발견과 예방을 위해 가입자의 건강검진, 필수 예방접종에 본인부담금을 부과하지 못하게 했다. 기초공제Deductible 대상에서도 제외했다. 한편, 민간 보험사들이 가입자들의 특정 건강행태를 유도하도록 금전적 유인이나 벌칙을 주는 것은 허용하였다. 예를 들어, 민간 보험사는 흡연 여부에 따라 건강보험료를 차등 적용하여 가입자의 건강행태를 유도하는 것이 가능하다. 이 외에도, 건강보험 적정부담법은 미국 식품의약품안전청에 가공식품, 탄산음료 등의 원재료와 열량 공개를 강제할 수 있는 권한을 부여했다.

2) 의료 질 제고

—

2-1) 재입원 · 병원 내 감염 관리와 의료 질 정보체계 개선

의료 질을 보여주는 지표 중 하나는 퇴원 후 재입원과 병원 내 감염Hospital-acquired conditions이다. 건강보험 적정부담법 제4장은 퇴원 후 재입원과 병원 내 감염을 줄이는 정책을 담고 있다. 메디케어 환자가 후속 수술 등 예외적인 경우를 제외하고 퇴원 후 30일 이내 재입원하면 해당 병원의 메디케어 수가가 삭감된다. 2019년 약 3,100

개 평가대상 병원 중 약 2,600개 병원이 재입원율 기준에 미달하여 약 5억 6,000만 달러의 메디케어 급여가 환수되었다. 병원 내 감염 역시 기준에 미달하면 메디케어 급여를 같은 방식으로 조정한다.

한편, 의료 질 관련 정보체계를 개선하는 내용도 건강보험 적정부 담법에 담겼다. 기존에는 메디케어 급여를 받은 의료인의 메디케어 의료 질 보고Physician Quality Reporting System는 자율사항이었다. 보고를 하면 메디케어 수가가 추가 지급되었지만, 보고를 하지 않더라도 문 제는 없었다. 하지만 건강보험 적정부담법은 메디케어 의료 질 보고 를 의무화하고, 보고를 하지 않으면 메디케어 지급액 일부가 조정되 도록 하였다.

2-2) 환자 중심 성과 연구기관 설립

건강보험 적정부담법에 따라 '환자 중심 성과 연구기관Patient-Centered Outcome Research Institute, PCORI'이 신설되어 '임상 효과성 연구 Clinical Effectiveness Research, CER'를 지원하게 되었다. 임상 효과성 연구 는 2개 이상의 치료방법 등을 비교하여 더 나은 방법을 밝히고, 이를 기초로 임상 현장에서 환자와 의료인의 의사결정을 돕는다. 건강보 험 적정부담법 제정 후 10년간 환자 중심 성과 연구기관은 임상 효 과성 연구 프로젝트 등에 34억 달러, 원화로 4조 원 가까운 금액을 지원했다. 임상 효과성 연구 성과는 다양한 의학회지에 발표되어 왔 으며, 임상 지침 등 개선에 기여했다. 2019년 미 의회는 환자 중심 성과 연구기관에 향후 10년간 예산을 추가 승인하고, 관련 연구 등을 지속할 수 있게 하였다.

(5) 제9장 : 법 시행 재원확보를 위한 조세 신설

1) '제한된 연방정부' 관념과 연방정부 재정지출에 대한 민감성
—

미국 의회에서 법안의 재원 조달방안은 중요하다. 재원 조달방안이 명확하지 않거나, 연방 재정에 지나친 부담을 주는 법안은 의회를 통과하기 어렵다. 이는 뿌리 깊은 '제한된 연방정부' 관념하에서 연방정부가 필요한 재정을 스스로 조달할 수 있는지 확인하는 과정이라고 할 수 있다.

2009년 상원과 하원이 건강보험 개혁법안을 작성할 때도 법 시행에 필요한 재정지출 규모와 조달방안에 대해 고민하였다. 하원안 '미국을 위한 건강보험 적정부담법Affordable Health Care for America Act, AHCA'은 그 시행에 10년간 1조 달러가 소요되고, 연방정부 재정적자를 1,380억 달러 늘릴 것으로 추산되었다. 상원안 '환자 보호 및 건강보험 적정부담법Patient Protection and Affordable Care Act, ACA'은 하원안보다 재정적으로 보수적이어서 법 시행으로 향후 10년간 8,710억 달러가 지출되고, 연방정부 재정적자는 하원안보다 적게 늘어나는 것으로 나타났다.

상하원 법안 모두 법 시행에 소요되는 재원보다 재정적자 증가 폭이 작은데, 이는 법안에 자체 재원 조달방안이 포함되어 있기 때문이다. 건강보험 적정부담법 제9장에는 법 시행 재원을 조달하기 위한 조세 신설, 메디케어 지출 절감, 민간 건강보험사 수수료 부과 등의 내용이 담겨 있다.

2) 건강보험 적정부담법 시행 재원

—

건강보험 적정부담법 시행 재원은 크게 3가지이다. 첫째, 건강보험상품이나 의료기기 등에 부과되는 조세수입이다. 우선 고가 건강보험상품HCPT에 40% 소비세가 부과되었고, 의료기기 소비세 2.3%, 실내 태닝 업체 소비세 10%가 도입되었다. 둘째, 고소득자 대상 세금이 신설되었다. 연간 개인소득 20만 달러, 부부소득 25만 달러 이상 가구를 대상으로 배당 · 이자 소득에 대해 메디케어 소득세Medicare payroll tax 0.9%포인트를 추가 부과하였다. 마지막으로 벌칙 조항을 통한 재정수입도 신설되었다. 건강보험 의무구매조항을 위반하여 건강보험을 구매하지 않은 개인 또는 근로자 50인 이상 사업장은 조세 형태의 벌칙을 적용받았다. 벌칙 상한은 개인의 경우 연 소득의 2.5%, 사업장의 경우 건강보험이 없는 근로자 1인당 2,000달러였다.

(6) 기타 규제 조항

1) 민간 건강보험사의 의료손실비율MLR 규제

—

건강보험 적정부담법ACA은 민간 건강보험사가 피보험자로부터 받은 건강보험료 수입이 간접 비용에 일정 금액 이상 쓰이지 않도록 규제한다. 이는 건강보험료 수입이 가입자의 건강보험 보장을 제공하는 데 직접 쓰이도록 하는 취지이다.

구체적으로 건강보험 적정부담법은 의료 손실 비율Medical Loss Ratio, MLR을 규제한다. 대형 보험사의 의료손실비율은 85%, 중소형은 80%이다. 의료손실비율이 80%라면 보험자는 가입자로부터 받은 보험료 재원의 80% 이상을 직접 건강보험 보장을 제공하는 데 써야 하고, 행정비용 등 간접 비용은 20% 이내로 유지해야 한다. 만약 보험사가 이 비율을 충족하지 못하면 보험가입자에게 일부 금액을 되돌려주어야 한다.

〈표34. 민간 건강보험사의 의료손실비율MLR과 건강보험제도 분절〉

건강보험 적정부담법ACA의 의료손실비율MLR 규제는 분절적
건강보험체계와 이로 인한 높은 간접비 지출이 그 배경이다. 분절적
건강보험 체계하에서 민간 보험사마다 건강보험청구 방식, 계약되어
있는 의료기관 네트워크가 다르다. 이를 관리하기 위해 추가적인
간접비가 소요되는데, 이 때문에 미국은 건강보험 제공 과정에서

행정비용Administrative cost 지출 수준이 높다. 제1장에서 언급한 바와
같이, 미국 의료비 지출의 15%에서 30%가 행정비용으로 지출되는
것으로 알려져 있다. 이는 캐나다의 5배, 일본의 13배 수준이다.
보수적 추계 방식을 적용하더라도, 매년 지출되는 행정비용의 크기는
미국 전체에서 심혈관치료에 쓰이는 의료비 지출의 2배에 이른다.

2) 의료기관, 제약사 등 운영 투명성 제고
—

건강보험 적정부담법 제정이 논의되던 2009년도 국가 조사2009
National survey에 따르면, 84%의 의사가 제약사, 의료기기 회사 등과
금전적 관계Financial interaction가 있었으며, 약 20%는 회의 참석 등으
로 금전적 보상Reimbursement을 받은 것으로 나타났다.

이러한 상황을 반영하여 건강보험 적정부담법의 '선샤인 조항
Sunshine provision'은 의료기기 기업, 제약사 등 의료와 관련된 물품을
생산하는 자Medical product manufactures가 의료인 · 의료기관 등에 제공
한 금전적 급부를 공개하도록 하고 있다. 또한, 의료인이 특정 생산
자나 구매조직Certain manufactures and group purchasing organization을 소유
하거나 투자하고 있는 경우에도 그 내용을 공개하도록 한다. 법에 따
라 신고 의무가 있는 자는 메디케어-메디케이드 센터CMS에 금전적
급부 내용을 제출해야 하고, 제출 내용은 당사자 의견청취를 거쳐 인
터넷을 통해 일반에 공개된다.

3 환자 보호 및 건강보험 적정부담법ACA 성과와 한계

　건강보험 적정부담법 주요 제정 목적은 건강보험 접근성 제고와 의료비 지출 증가세 완화이다.

　건강보험 접근성을 높이는 첫 번째 목표는 일부 달성했다. 법 제정 당시 2009년 인구의 약 85%만이 건강보험이 있었다. 법 시행 이후, 5년여가 지난 2016년 기준 그 수치가 90%로 높아졌고, 미국 보건복지부는 2022년 인구의 약 92%가 건강보험이 있다고 발표했다. 법 제정을 기점으로 건강보험에 대한 접근성이 개선된 것이다.

　두 번째 목표인 의료비 지출 관리에 있어서는 성과가 뚜렷하지 않다. 법 시행 직후인 2011년에서 2013년 사이 국가 의료비 지출 National Health Expenditure, 1인당 평균 의료비 지출 증가율이 이전 기간

에 비해 낮아졌다. 국내총생산 대비 의료비 지출 관리 비중도 안정화
되었다. 그러나 2013년 이후 다시 지출 증가세가 이전 수준으로 회
귀했다. 의료비 지출 안정화 경향이 2011년에서 2013년 사이 일시
적으로만 나타나고, 다시 이전 경향으로 되돌아간 것이다. 그 결과
국내총생산 대비 의료비 지출 비중은 2020년 19.7%로 건강보험 적
정부담법ACA이 시행된 2010년 17.2%를 상회했다. 절대액 기준으로
미국 전체 의료비 지출은 2010년 2조 5,896억 달러이다. 2020년은
4조 1,563억 달러이다. 2010년에서 2020년 10년간 60%, 금액 기
준 1조 5,667억 달러, 약 1,700조 원 이상 증가했다.

(1) 건강보험 접근성 제고 측면

1) 성과

—

1-1) 건강보험 이용자 수 증가와 의료접근성 제고

건강보험 적정부담법 시행 이후 건강보험이 없는 인구수가 줄어
들었으며, 이들이 미국 인구 전체에서 차지하는 비율도 함께 감소하
였다. 법이 시행된 2010년 전체 인구의 약 15%가 건강보험이 없었
다. 이후, 2015년까지 건강보험이 없는 사람은 2천 9백만 명 수준으
로 감소하여 건강보험 접근성이 개선되었다.

다만, 2016년부터 2019년까지는 건강보험 접근성이 더 개선되
지 않고 정체하였는데, 전체 인구 중 건강보험이 없는 인구 비율

이 2016년 10%에서 2019년 10.9%로 오히려 높아졌다. 이후 코로나19를 거치면서 건강보험 접근성이 다시 개선되어, 2022년 기준 건강보험이 없는 인구는 미국 전체 인구의 8% 수준이다. 참고로, 2020년과 2022년 사이 5백 20만 명이 새롭게 건강보험을 얻은 것으로 조사되었다.

건강보험 이용자 증가 및 사각지대 감소는 의료접근성 제고로 이어진다. 건강보험이 없는 개인의 약 3분의 1이 최근 2년간 건강검진을 받지 못했으며, 25%는 최근 1년간 의료를 이용한 적이 한 번도 없는 것으로 조사되었는데, 법 시행으로 이러한 상황이 개선되었다. 의료접근성 증가는 필요한 치료를 받게 함으로써 질병이나 사고에 의한 사망률 역시 낮출 것으로 추정된다. 미국 내 일반 연구에서 건강보험이 없는 개인은 보험이 있는 경우보다 질병이나 사고에 의한 사망률이 높은 것으로 나타났다.

1-2) 교차보조Cross-subsidization 문제 완화

건강보험의 교차보조 문제 역시 완화되었다. 교차보조는 건강보험이 있는 사람이 본인 적정손해율 이상의 보험료를 지불하여 무보험자가 의료기관에 끼친 재정 부담을 보전하는 상황을 가리킨다. 다시 말해, 건강보험이 없는 사람이 응급상황 등으로 의료기관을 이용한 후 납부하지 못한 의료비 일부가 다른 사람의 건강보험료로 전가되는 것이다. 법 시행 전인 2008년 기준 건강보험이 없는 사람에 대한 진료로 의료기관이 입은 재정 손실 규모는 440억 달러 규모로 추산되었다.

2) 한계

—

건강보험 적정부담법으로 인해 많은 사람이 새롭게 건강보험과 의료를 이용하게 되었지만, 그 성과는 기대에 미치지 못했다. 하원안 미국을 위한 건강보험 적정부담법AHCA은 인구의 96%가, 상원안 환자 보호 및 건강보험 적정부담법ACA은 인구의 94%가 건강보험을 이용하도록 하는 것을 목표로 했다. 상하원이 협의한 최종 법률안의 목표치는 95%였다. 앞서 언급한 바와 같이, 여전히 인구의 8%는 건강보험이 없는 것으로 나타나, 법 시행 당시 목표는 아직 달성하지 못하고 있다. 불완전한 메디케이드 확대조항 실행과 충분하지 못한 건강보험 구매지원이 그 주된 이유이다.

2-1) 메디케이드 확대조항 위헌 판결

앞서 살펴보았듯이, 2012년 연방대법원의 위헌 판결로 메디케이드 확대조항은 원활히 시행되지 못했다. 연방대법원은 사실상 모든 주가 의무적으로 채택해야 하는 메디케이드 확대조항이 수정헌법 제10조에 위배 된다고 보았고, 판결 이후 메디케이드 확대는 각 주의 선택사항이 되었다.

그 결과 메디케이드 확대를 시행한 주와 그렇지 않은 주는 건강보험 이용자 비율에 차이가 발생하였는데, 메디케이드 확대를 시행한 주의 주민은 메디케어를 통해 새롭게 건강보험을 얻은 반면, 시행하지 않은 주의 주민은 법 시행의 효과를 충분히 얻기 어려웠다.

〈표35. 메디케이드 확대Medicaid expansion와 주를 경계로 한 건강보험제도 분절〉

코로나19 확산 이전까지 메디케이드 확대로 인해 기존에 건강보험이
없던 약 1천 2백만 명이 새롭게 건강보험을 이용하였는데, 이러한
효과는 메디케이드 확대조항 채택 여부에 따라 주마다 다르게
나타났다.

메디케이드 확대를 시행한 주는 65세 미만 성인 중 건강보험이
없는Uninsured 개인 비중이 2013년 35%에서 2019년 17%로 확연히
줄어들었다. 반면, 메디케이드 확대를 시행하지 않은 주는 해당 비중이
2013년 43%에서 2019년 34%로, 상대적으로 감소 폭이 작았다.

건강보험이 있는 경우 의료접근성 역시 높아지는 일반적 경향을 생각해
보면 메디케이드 확대시행 여부에 따라 주를 경계로 저소득층의 건강보험
접근성과 의료 이용도 개선에도 차이가 있을 것으로 추정할 수 있다.

2-2) 충분하지 못한 건강보험 구매보조금

미국에서 건강보험이 없는 가장 큰 이유 중 하나는 보험료 부담이
다. 건강보험이 없는 성인을 대상으로 한 2019년 조사에서 73.7%
가 보험료 수준이 높아 건강보험을 구매하지 못하였다고 답했다. 건
강보험 구매보조금이 충분하다면 보험을 이용할 것으로 추정 가능한
대목이다.

그러나, 건강보험 적정부담법이 건강보험 구매를 의무화하면서
저소득층에게 지급한 구매보조금은 충분하지 않았다. 2016년 기준
건강보험이 없는 2천 6백만 명 중 7백만 명이 연방정부 빈곤 기준선

Federal poverty line 400% 이하 소득을 가지고 있었다. 이들은 건강보험 구매보조금 지급대상이었지만, 보조금이 충분하지 않아 원하는 건강 보험 구매가 어려웠기 때문에 상당수가 보험 구매를 하지 않았다.

건강보험이 없는 개인 중 다수가 근로 빈곤층이다. 직업이 있음에 도 불구하고 건강보험료를 부담할 경제적 여력이 없는 것이다. 일정 수준의 근로소득 때문에 메디케이드 수급 자격이 없고, 65세 이상을 대상으로 한 메디케어 대상자도 아니다. 이러한 상황에서 보조금이 충분하지 못하면 계속해서 건강보험 사각지대에 머물 가능성이 높다.

(2) 국가 의료비 지출 증가세 완화 측면

2010년 건강보험 적정부담법ACA 시행 이후 2013년까지는 의료비 관련 지표들이 모두 안정화되었다. 국가 의료비 지출 증가율, 1인당 평균 의료비 지출 증가율, 국내총생산 대비 국가 의료비 지출 비중 모두 낮아지는 추세를 보였다. 그러나 2014년부터는 모든 지표가 다 시 상승하여, 의료비 지출 증가세 완화는 일시적 현상에 그쳤다.

1) 국가 의료비 지출, 1인당 평균 의료비 변화
—

건강보험 적정부담법이 시행된 2010년 국가 의료비 지출 연평균 증가율은 3.9%였다. 이것이 2011년에는 3.4%로 낮아졌고, 2012년 에는 4.0%, 2013년에는 2.6%를 기록했다. 법 시행 이후 미국의 국가 의료비 지출 증가율이 안정된 것이다. 그러나, 2014년에는 증가율이 5.1%로 크게 상승하였고, 2015년에도 5.4%를 기록하여 국가 의료비 지출 연평균 증가율은 결국 법 시행 전 수준 이상으로 되돌아갔다.

1인당 평균 의료비 지출 증가율도 국가 의료비 지출 증가율과 같은 추세를 보였다. 2010년 1인당 평균 의료비 지출 증가율은 3.2%이나, 2011년은 2.8%, 2013년은 2.2%로 낮아졌다. 2014년에는 하락 추세가 반전되어, 1인당 평균 의료비 지출 증가율이 3.4%로 상승하고, 2015년에는 5%를 기록하였다. 2011년에서 2013년 사이 일시적으로 안정화되었다가, 이후에는 전보다 더 빠른 속도로 증가한 것이다.

〈표36. 건강보험 적정부담법ACA 시행 직후, 국가 의료비 지출 연간 증가율〉

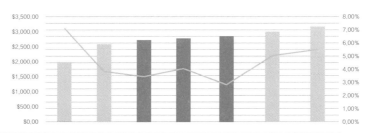

	2005년	2010년	2011년	2012년	2013년	2014년	2015년
국가 의료비 지출 (단위: 10억 달러)	2,026.60	2,589.60	2,676.50	2,783.30	2,855.70	3,001.70	3,163.80
국가 의료비 지출 연간 증가율 (단위: %)	7.00	3.90	3.40	4.00	2.60	5.10	5.40

■ 국가 의료비 지출(단위: 10억 달러)　— 국가 의료비 지출 연간 증가율(단위: %)

※ 출처 : 메디케어-메디케이드 센터(Center for Medicare and Medicaid Services)

2) 국내총생산 대비 의료비 지출 비중 변화

—

의료비 지출이 미국 경제에서 차지하는 비중도 비슷하게 변화하였다. 2010년 미국 국내총생산GDP 대비 국가 의료비 지출 비중은 17.2%로, 2012년에는 17.1%, 2013년에는 16.9%였다. 의료비 지출 비중 증가 추세는 멈추었으며, 2013년에 국내총생산 대비 의료비 지출 비중이 감소한 것은 10여 년 만에 처음이었다.

그러나 2014년에 소폭 상승한 것을 시작으로, 2015년이 되자 의료비 지출 비중이 17.3%로 늘어났다. 이후에도 의료비 지출 비중은 계속 증가하여 2021년에는 18.2%에 달해 미국 경제의 5분의 1을 의료 분야가 차지하였다.

History of
U.S. health insurance
and
the Constitution

제8장

-

환자 보호 및 건강보험 적정부담법ACA 위헌 논쟁과 폐지 입법

1 2012년과 2017년, 미국 건강보험제도를 바꾼 헌법

환자 보호 및 건강보험 적정부담법Patient Protection and Affordable Care Act, ACA 제정 이후, 입법이 타당한지를 둘러싼 논란이 이어졌다. 2012년 연방대법원을 통한 위헌 소송과 2017년 건강보험 적정부담법 폐지 입법이 그것이다. 두 사건 모두 18세기 제정된 헌법이 어떻게 현대의 건강보험체계에 영향을 끼치는지 보여주는 사례였다.

(1) 2012년 : 환자 보호 및 건강보험 적정부담법ACA 위헌 소송

건강보험 적정부담법 제정 직후, 법에 반영된 건강보험 의무구매 The individual mandate와 메디케이드 확대Medicaid expansion 조항에 대해 위헌 소송이 제기되었다. 원고는 두 조항이 헌법이 보장한 개인과 주 州의 권리를 침해한다고 주장하였다. 이 소송은 건강보험제도의 합 헌 여부를 넘어, 연방정부가 개인과 주의 영역에 어디까지 개입할 수 있는지에 대한 다툼이자 헌법 제정 당시 연방주의자와 반연방주의자 간 논쟁의 재현이었다.

연방대법원은 2012년 위헌 소송에서 연방정부가 법률로 개인에 게 건강보험 구매의무를 부과하는 것은 '우리 헌법 제정자들이 상정 한 미국의 모습이 아니다That is not the country the Framers of our Constitution envisioned.'라고 판시하였다. 미국 헌법 제정자들은 연방정부가 개인 선택에 관여하는 것에 신중하였으며, 건강보험 의무구매조항이 헌법 상 통상조항을 일탈하였음을 지적한 말이었다.

이어, 연방대법원은 메디케이드 확대조항을 시행하지 않을 경우 메디케이드 연방정부 예산 지원을 중단한 것에 대해 연방정부가 주 정부 '머리에 총을 들이댄Gun to the head' 것으로, 헌법에 위배된다고 하였다. 이어, 연방정부가 주정부를 대상으로 메디케이드 확대조항 시행을 강제할 수 없다고 명시하였다.

판결 이후 미국 내 50개 주는 메디케이드 확대를 채택한 주와 그 렇지 않은 주로 나뉘었다.

(2) 2017년 : 환자 보호 및 건강보험 적정부담법ACA
   폐지 입법 추진

  2017년 트럼프 행정부와 의회 내 공화당 의원들은 건강보험 적정부담법 폐지를 위한 대안 입법을 추진했다. 트럼프 행정부는 대안 입법에 대한 의지가 강했고, 당시 상하원 모두에서 공화당이 과반이었기 때문에 의회 통과 가능성도 높았다.

  그러나 건강보험 적정부담법ACA 폐지 입법 시도는 성공하지 못하였는데, 역설적이게도 건강보험 개혁입법이 성공하지 못했던 것과 같은 이유 때문이었다. 헌법은 상원과 하원, 연방정부와 주정부, 선거 주기 등이 서로 견제하고 얽혀 입법이 신중하게 이루어지도록 하였고, 80여 년간 전 국민 건강보험법 입법은 이 문턱을 넘지 못했다. 2017년 건강보험 적정부담법 폐지 입법 역시 그 문턱에 부딪혔다. 전 국민 건강보험법 입법이 어려운 만큼 그 폐지 역시 쉽지 않았다.

  건강보험 적정부담법 폐지가 불가능하자 트럼프 행정부는 입법이 아닌 행정명령 등으로 일부 조항의 효력을 없애는 조치를 취했다. 결과적으로 건강보험체계는 건강보험 적정부담법, 2012년 연방대법원의 위헌 판결, 2017년 이후 행정명령이 뒤섞여 더욱 복잡해졌다.

2 환자 보호 및 건강보험
적정부담법ACA 위헌 소송과
'제한된 연방정부'

(1) 주요 내용

2010년 건강보험 적정부담법이 제정되고 다음 해인 2011년 미국
독립사업자연맹National Federation of Independent Business은 미국 보건복
지부Department of Health and Human Services를 상대로 건강보험 적정부담
법에 대한 위헌 소송을 제기하였다. 소의 정식명칭은 미국 독립사업
자연맹 대 세벨리우스Sebelius이다. 참고로, 캐서린 세벨리우스Kathlean
Sebelius는 당시 보건복지부 장관이다.

건강보험 적정부담법의 핵심은 건강보험 의무구매와 메디케이드
확대를 통해 누구나 건강보험을 이용할 수 있도록 한 것이다. 위헌

소송을 제기한 미국 독립사업자연맹은 두 조항이 헌법이 연방정부에 부여한 입법 권한을 일탈하여 개인과 주의 본질적 권리를 침해했다고 주장하였다. 이들의 주장대로 위헌으로 결정된다면, 법 시행으로 건강보험을 새로 얻었거나 앞으로 얻게 될 수천만 명이 건강보험을 잃는 상황이었다.

미국 연방대법원은 2012년 6월 28일 건강보험 의무구매조항은 헌법에 위배되지 않으나, 메디케이드 확대조항은 연방정부가 부당하게 주를 '강제'한 것으로 수정헌법 제10조에 위배된다고 판시하였다. 연방정부의 재정 지원을 매개로 50개 주가 메디케이드 확대조항을 시행하도록 한 것은 헌법이 보호하는 주의 자율성을 침해한다는 이유였다.

(2) 위헌 소송 쟁점 1 : 연방정부는 개인에게 건강보험 구매를 강제할 수 있는가?

1) 원고 독립사업자연맹의 주장

—

헌법 제1장 8절 제3항은 '통상조항'을 규정한다. 통상조항은 미연방의회가 '외국, 주 상호 간의 통상을 규제할 수 있다The United States Congress shall have power "[to regulate Commerce with foreign Nations, and among the several States, and …]".'고 정한다. '통상'의 범위에는 특정 유통 경로, 시설이 상거래에 사용되는 경우를 가리키며, 상거래에는 상품, 전기, 가스, 도로 등이 폭넓게 포함된다. 해당 조항은 연방의회가 2개 이상의 주에 걸친 대부분 유형의 상업활동을 규제하는 연방법률을 제정할 수 있음을 규정한다. 판례는 1개 주에서 일어나는 상업활동이라도 다른 주에 간접적으로 영향을 미치는 경우에는 통상조항에 근거하여 연방법률로 규제할 수 있음을 인정한 바 있다.

위헌 소송을 제기한 독립사업자연맹은 건강보험 의무구매조항이 미국 헌법이 통상조항Commerce Clause을 통해 연방의회에 부여한 권한 범위를 일탈하였다고 주장했다. 소송은 헌법상 통상조항에 근거해 연방정부가 개인에게 법률로 건강보험 구매를 강제할 수 있는지에 대한 법적 다툼을 중심으로 진행되었다.

독립사업자연맹은 통상조항이 '이미 일어나고 있는 상행위'를 연방의회가 법률로써 규제할 수 있음을 규정한 것이지, '아직 일어나지 않은 상행위'에 대한 작위를 강제하는 근거는 아니라고 지적하였다. 다시 말하면, 연방정부는 건강보험상품 구매를 금지하는 것은 가능해도, 아직 하지도 않은 구매를 강제Compel commerce하는 것은 발생하지 않은 상행위 규제Regulate inactivity로서 불가능하다는 주장이다. 따라서 헌법상 통상조항은 개인에게 건강보험 구매의무를 부과할 근거가 될 수 없으며, 건강보험 의무구매조항은 헌법상 근거가 없어 위헌이라고 보았다.

흥미롭게도 법정공방 과정에서 야채의 한 종류인 브로콜리가 이슈였다. 원고는 브로콜리를 예로 들며 건강보험 의무구매조항의 위헌성을 주장하였는데, 만약 연방정부가 건강보험 구매와 같은 특정 행위를 개인에게 의무화할 수 있다면 건강을 이유로 연방정부가 개인에게 법률로 브로콜리 구매를 강제하는 상황도 가능해진다고 지적하였다.

〈표37. 미국 정치에서 가장 유명한 야채 – 브로콜리〉

브로콜리는 미국 정치에서 가장 유명한 야채 중 하나이다. 제41대 대통령 조지 부시George H.W. Bush는 1990년 3월 기자단을 대상으로 자신이 브로콜리를 좋아하지 않으며, 어린 시절 어머니 때문에 브로콜리를 먹었지만 이제 먹지 않겠다"I do not like broccoli. And I haven't liked it since I was a little kid. And my mother made me eat it. And I'm President of the United States."고 말하였다. 단순한 농담이었으나, 이슈가 되었다. 영양 관련 학회에서는 유감을 표명했으며, 전미 야채 · 과일 협회United Fresh Fruit and Vegetable Association는 항의의 표시로 백악관에 브로콜리 10톤을 보냈다. 부시 대통령의 브로콜리 사건 이후 미국 내 브로콜리 판매량이 10% 증가했다는 통계도 있다.

1992년 부시 대통령과 빌 클린턴 민주당 대통령 후보가 선거를 치르는 과정에서 클린턴 측은 "브로콜리를 다시 백악관으로 보내자Let's put broccoli in the White House again."고 말하였다. 2013년 오바마 대통령은 비만 관련 행사에서 자신이 가장 좋아하는 야채가 브로콜리라고 언급하기도 하였다. 이러한 배경에서, 2012년 건강보험 적정부담법ACA 위헌 소송에서 브로콜리가 등장한 것은 우연이 아니었다.

부시 대통령 추도사에서 아들인 제43대 대통령 조지 부시George W. Bush는 아버지의 브로콜리에 대한 거부감이 자신에게도 유전되었다"The man couldn't stomach vegetables especially broccoli. And by the way, he passed these genetic defects along to us."고 언급하기도 하였다.

2) 피고 보건복지부의 반박

—

2-1) 통상조항Commerce Clause에 근거한 건강보험 구매의무 부과

'아직 일어나지 않은 상행위'인 건강보험 구매를 의무화한 규제가 위헌이라는 주장에 대해, 피고 미국 보건복지부는 일반재화와 구별되는 건강보험의 특수성을 지적하며 반론하였다. 일반적인 상품과 달리 질병 발생에 대비한 건강보험은 누구에게나 필요하므로 모두 미래에 건강보험을 구매할 것이 확실하고, 이는 외견상 현재 건강보험이 없더라도 그 구매는 '장래 확실히 발생Certain to occur할 상행위'가 되어 '아직 일어나지 않은 상행위'와는 구별된다. 따라서 이미 일어난 상행위를 규제하는 근거인 헌법상 통상조항Commerce Clause을 근거로 건강보험 구매의무화가 가능하다는 것이다.

이와 함께, 피고는 헌법상 '필요적절조항Necessary and Proper Clause' 역시 건강보험 의무구매조항의 근거가 된다고 주장하였다. 헌법 제1장 제8절 제18항 필요적절조항은 헌법이 연방정부에 부여한 권한을 행사하는 데 필요하고 적절한 모든 법률을 제정할 수 있다고 명시하고 있다. 피고는 건강보험 개혁을 위해 의회가 필요 적절한 조처를 할 헌법상 권한이 있으며, 이를 근거로 건강보험 적정부담법 제정과 건강보험 의무구매조항은 합헌이라고 주장하였다.

〈표38. 헌법상 '필요적절조항'과 토머스 제퍼슨 대통령〉

미국 헌법에 규정된 '필요적절조항Necessary and Proper clause'은 '위에 열거된 권한들과 헌법이 연방정부 또는 연방정부의 각 부처 및 담당자에게 부여한 권한을 행사하는 데 필요하고 적절한 모든 법률을 제정한다The Congress shall have Power … to make all Laws which shall be necessary and proper for carrying into Execution the foregoing Powers, …'고 규정하고 있다. 조세징수, 화폐주조, 주 상호 간 통상규제 등 헌법이 열거한 연방의회 권한을 행사하는 데 필요한 법률 제정권을 명시한 조항이다.

헌법 제정 당시 반연방주의자들은 필요적절조항이 연방정부의 권한을 지나치게 확대할 것이라고 우려하였다. 반연방주의자이자 미국 3대 대통령이었던 토머스 제퍼슨Thomas Jefferson은 이러한 우려에서 연방정부에 대항하는 개인과 주의 권리를 열거한 수정헌법 제정 필요성을 주장하기도 하였다.

그러나 역설적이게도 토머스 제퍼슨의 최대 업적은 미국 헌법의 필요적절조항 덕분에 가능했다. 토머스 제퍼슨은 대통령 재임 당시 필요적절조항에 근거한 법률을 통해 루이지애나 지역을 프랑스로부터 매입하였다. 미국 중서부에 위치한 한반도 10배에 이르는 크기의 땅은 미국의 태평양 접근과 서부개척시대를 여는 기반이 되었다. 연방정부의 확대와 필요적절조항의 남용을 우려했던 토머스 제퍼슨의 가장 큰 업적이 그가 경계했던 필요적절조항을 통해 이루어진 것이다.

참고로, 토머스 제퍼슨은 주州 독자성에 무게를 두고, 미국을 각 주의 농업에 기반한 국가로 만들고자 하였다. 연방정부의 독자성과 공업발전에 기반한 미국을 목표로 한 알렉산더 해밀턴Alexander Hamilton은 그와 대척점에 있었다. 해밀턴은 연방정부 창설과 헌법 비준의 필요성을 역설한 연방주의 논집The Federalist papers 필자 중 한 명 이자, 초대 재무부 장관이기도 하다. 연방정부와 주에 대한 두 인물 간 생각 차이는 두 세기가 지나 전 국민 건강보험 도입과 위헌 소송 과정에서의 논쟁으로 이어졌다.

2-2) 의회 과세권Tax power을 통한 건강보험 구매의무 부과

건강보험 의무구매의 합헌성을 주장하면서, 피고는 헌법이 연방의회에 부여한 과세권Tax power 역시 합헌의 근거가 된다고 주장하였다.

과세권을 합성성의 근거로 제시한 이유는 건강보험 구매를 하지 않았을 경우, 건강보험 적정부담법ACA이 규정하는 처벌 방식에 있다. 법은 건강보험 의무구매 규정을 위반하는 경우 벌칙을 부과하는데, 이 벌칙은 행정벌이나 형벌이 아닌 세금이다. 세금 부과를 통해 구매 이행을 강제한다.

피고는 건강보험을 구매하지 않은 것에 대한 처벌이 세금 부과 형식으로 이루어진다는 점을 들어 헌법이 연방의회에 부여한 과세권이 건강보험 의무구매의 근거가 된다고 주장하였다. 연방의회의 과세권에는 일반적인 조세징수 권한은 물론 특정 정책 목적을 달성하기 위한 규제를 신설하는 권한이 포함되며, 건강보험 적정부담법상 건강보험 의무구매조항은 후자에 근거한다는 논리였다.

3) 연방대법원 판결 : 합헌

—

건강보험 적정부담법ACA 위헌 소송은 역사적인 사건인 만큼, 연방대법원에게는 큰 부담이었다. 의무구매조항을 통해 새롭게 건강보험을 얻었거나, 앞으로 이용할 수천만 명의 생활이 연방대법원 판결에 따라 달라지는 상황이었다. 9인의 연방대법관 중 5인은 합헌, 4인은 위헌 의견이었다는 사실에서도 법원의 고심이 얼마나 컸는지 알 수 있다.

3-1) 헌법상 통상조항에 근거한 연방정부의 개인에 대한 의무 부과 : 불가

연방대법원은 통상조항Commerce Clause을 근거로 하여 연방의회가 법률로 개인에게 건강보험 구매의무를 부과할 수는 없다고 하였다. 통상조항으로 이미 발생한 상행위를 규제하는 것은 가능하지만, 아직 발생하지도 않은 상행위를 개인에게 강제할 수 없다는 원고 측의 주장을 받아들인 것이다. 건강보험 구매는 향후 발생이 확실한 상행위이므로, 통상조항을 근거로 규제 가능하다는 피고의 주장은 인정되지 않았다.

앞서 언급된 바와 같이, 연방대법원장 존 로버트John Robert는 "연방정부가 개인에게 건강보험을 구매하도록 의무를 부과하는 것은 우리 헌법 제정자들이 상정한 미국의 모습이 아니다That is not the country the Framers of our Constitution envisioned."라고 언급하였다. 연방정부가 통상조항을 근거로 개인의 상행위에 어디까지 개입할 수 있는지 경계선을 제시하는 발언이었다.

3-2) 의회 과세권Tax power에 근거한 건강보험 구매의무 부과 : 가능

통상조항을 통한 건강보험 구매의무 부과는 불가능하였으나, 연방대법원은 헌법이 연방의회에 부여한 과세권Tax power을 근거로 연방정부가 법률로서 건강보험 구매의무를 부과할 수 있다고 판결하였다. 건강보험을 구매하지 않았을 경우 부과되는 벌칙이 본질적으로는 세금이며, 세금의 형식으로 강제되는 규제는 헌법이 의회에 부여한 과세권에 근거하여 시행 가능하다는 것이다. 이에 따라 건강보험 적정부담법상의 건강보험 의무구매조항은 합헌이 되었다.

(3) 위헌 소송 쟁점 2 : 연방정부는 주州를 강제할 수 있는가?

1) 원고 독립사업자연맹의 주장

—

원고인 미국 독립사업자연맹은 건강보험 적정부담법ACA의 메디케이드 확대조항은 사실상 연방정부가 주를 대상으로 한 '강제Coercion'에 해당하므로 헌법이 보장한 주의 권리를 침해하여 위헌이라고 주장하였다.

본래 메디케이드는 예산 규모가 커서 주정부 자체 재정만으로 운영하기 어렵고, 연방정부와 주정부가 모두 예산을 투입해 매칭하는 방식으로 운영된다. 그런데 건강보험 적정부담법ACA은 주가 메디케이드 확대조항을 채택하지 않으면 연방정부가 기존 메디케이드 예산을 포함해 관련 예산 전체를 지원하지 않을 수 있다고 규정한다. 재

정상 연방정부 지원 없이 독자적으로 메디케이드 운영이 어려운 주정부 입장에서 메디케이드 확대조항을 채택하여 시행하는 것 외에는 다른 선택지가 없었다. 원고는 이것을 연방정부에 대항하여 주의 권리를 보장한 수정헌법 제10조 위반으로 보았다.

2) 피고 보건복지부의 반박

—

피고 미국 보건복지부는 메디케이드 제도가 최초로 도입된 시기부터 각 주는 제도 운영 여부를 자유롭게 선택할 수 있었고, 건강보험 적정부담법의 메디케이드 확대조항 시행 역시 주의 자율이라고 강조하였다. 주가 메디케이드 확대조항을 채택하지 않는다면, 메디케이드 제도 전체를 운영하지 않는 것으로 보고 연방정부 예산 지원이 중단된다.

1965년 사회보장법Social Security Act 개정으로 취약계층을 지원하는 메디케이드가 시행되었으나, 시행 여부는 주정부의 선택이었다. 메디케이드가 도입된 후 모든 주가 일시에 제도를 시행하지는 않았다. 메디케이드를 도입한 주는 예산 일부를 연방정부로부터 지원받았고, 지원 대상, 보장범위와 관련한 기본적인 연방정부 정책을 이행하였으며, 그 외에는 주정부 재량에 따라 제도를 운영하였다.

피고는 이를 강조하여 메디케이드 확대 채택 여부에 연방정부 예산 지원을 연동하는 것은 1965년 제도 도입 시부터 사용한 방식이라고 지적하였다. 제도 운영 틀에 변화는 없으며, 메디케이드 확대조항에 따라 이용자격을 연방정부 빈곤 기준선Federal poverty line 138% 이하로 단일화했을 뿐이라는 것이다. 메디케이드 확대로 인한 제도 변화를 주정부가 수용하기 어려우면 메디케이드를 운영하지 않으면 되고, 그에 따라 연방정부 매칭 예산은 당연히 지원 중단된다는 것이 미국 보건복지부 입장이었다.

3) 2012년 연방대법원 판결 : 수정헌법 제10조 위반

—

2012년 6월 28일 연방대법원은 메디케이드 확대조항이 수정헌법 제10조에 위반된다고 결론 내렸다. 연방대법원은 메디케이드 확대조항이 수정헌법 제10조를 위반하여 헌법이 연방의회에 부여한 권한을 일탈하였다고 판시했는데, 9인의 연방대법관 중 7인이 위헌 의견이었다. 앞서 의무구매조항에 대한 판결은 연방대법관 5인 합헌, 4인 위헌 의결이었다는 점을 고려했을 때, 메디케이드 확대조항에 대한 연방대법원의 입장은 보다 명확했다.

이로써 주정부는 기존대로 메디케이드를 운영할지, 아니면 건강보험 적정부담법에 따른 메디케이드 확대조항을 채택할지 사이에서 실질적 선택권을 얻었다. 연방정부는 각 주가 메디케이드 확대를 거부하고 1965년 시행된 기존 메디케이드 제도를 고수하더라도 매칭 예산을 계속 지원해야 한다. 연방정부가 주정부 권한을 침해할지도 모른다는 우려 속에 제정된 수정헌법 제10조가 200여 년이 지난 현재에도 여전히 유효함을 확인한 순간이었다.

(4) 위헌 소송과 연방대법원 판결의 의의

결과적으로 건강보험 적정부담법ACA은 위헌 논쟁에서 살아남았고, 건강보험을 확대하기 위한 두 핵심 조항은 유지되었다. 이것이 2012년 연방대법원 판결의 첫 번째 의의이다. 또한, 연방대법원 판결은 개인과 주의 독자 영역에 연방정부가 어디까지 개입할 수 있는지 그 경계를 확인하였다는 데 의의가 있다. 18세기 제정된 미국 헌법이 21세기 미국 건강보험제도 내용을 결정한 사례이다.

절대 왕조 국가를 경험한 유럽과 달리 중앙 정치체가 없던 미 대륙에서는 13개 주 대표들이 모여 헌법을 제정한 후 비로소 연방정부가 창설되었다. 13개 주 대표들은 연방정부에 대한 기대와 의구심을 동시에 품고 있었고, 연방정부가 개인과 주의 권리를 침해하지 않도록 연방정부의 권한을 제한하는 안전장치를 두었다. 연방정부주정부, 연방의회연방 행정부, 상원하원으로 분절된 권력구조가 서로를 견제하며 연방정부 권한이 제한적으로 행사되도록 한 것이다.

제한된 연방정부는 제한된 건강보험체계로 이어졌다. 미국 헌법 체계하에서 연방정부에 의한 일원화된 보험체계는 성립하기 어려웠다. 20세기 들어 행정부와 의회에서 단일보험자 도입안이 계속 제기되었으나 실제 법률로 이어지지는 못했다. 헌법의 틀 안에서 건강보험 개혁은 '제한적'으로만 이루어졌으며, 그 결과 고용주 제공 민간건강보험, 메디케어, 메디케이드, 특수 직업군 건강보험이 혼재된 분절된 건강보험 체계가 만들어졌다.

건강보험 적정부담법은 이러한 헌법의 제약 안에서 전 국민 건강보험 도입을 위한 대안을 찾아냈다. 민간 건강보험을 존속시키고, 메디케어와 메디케이드 역시 유지하면서, 건강보험 구매의무 부과와 메디케이드 확대를 통해 건강보험 이용자를 넓히는 것이다. 이는 제한적이고 점진적인 방식의 개혁이지만, 실행 가능한 전략이었다.

그러나 미국 헌법은 제한된 개혁조차 쉽게 허락하지 않았으며, 건강보험 구매의무, 메디케이드 확대가 헌법이 보장한 개인과 주의 권리를 침해한 것이 아닌지에 대해 2012년 위헌 소송 판결을 통해 답했다. 이것은 근본적으로는 연방정부 크기와 권한의 적정 범위에 대한 오래된 논쟁의 반복이며, 18세기 13개 주에서 헌법 비준을 둘러싸고 벌어진 연방주의자와 반연방주의자 간 긴장의 재현이기도 했다.

〈표39. 2012년 연방대법원 판결과 언론 오보 해프닝〉

2012년 6월 28일 연방대법원의 건강보험 적정부담법ACA 위헌 소송 판결 당시 언론에서 잘못된 보도가 나가는 해프닝이 있었다. 위헌 소송의 쟁점은 건강보험 의무구매조항과 메디케이드 확대조항의 위헌 여부였고, 연방대법원은 각 조항의 위헌 여부를 순차적으로 판시하였다.

연방대법원이 먼저 건강보험 의무구매조항에 대해 헌법상 의회의 과세 권한을 근거로 합헌 판결하자, 일부 언론에서 실시간으로 건강보험 적정부담법 전체를 연방대법원이 합헌 판결했다고 보도하였다.

그러나 해당 보도는 오보였다. 연방대법원이 곧이어 메디케이드 확대조항은 헌법에 합치되지 않는다고 했기 때문이다. 언론은 메디케이드 확대조항 판결 내용을 알리며, 보도 내용을 정정하였다.

　사실 연방대법원 판결 전 대부분의 관심은 건강보험 의무구매조항의 합헌 여부에 쏠려 있었고, 메디케이드 확대조항은 당연히 합헌으로 보는 분위기가 지배적이었다. 언론 또한 메디케이드 확대조항에 대해서는 특별한 이슈가 없다고 보았는데, 연방대법원이 건강보험 의무구매조항을 합헌이라고 판시하자 언론이 두 조항 모두 합헌이라고 성급하게 오보를 낸 것이다.

　미국 보건복지부와 법무부 역시 건강보험 의무구매조항 합헌 판결에 환호하고 안도하였다가, 뒤이어 예상치 못한 메디케이드 확대조항 판결 내용에 당황했다고 알려졌다.

3 환자 보호 및 건강보험 적정부담법ACA 폐지 입법

(1) 보건의료 자율회복법Restoring Americans' Healthcare Freedom Reconciliation Act of 2015

2012년 연방대법원 판결로 건강보험 적정부담법은 살아남았으나, 법이 개인과 주의 자율영역을 침범하고 연방정부 재정에 부담을 준다는 주장이 계속되었다. 결국 공화당을 중심으로 건강보험 적정부담법 폐기와 대안 입법이 추진되는데, 2016년 1월 상하원에서 의결된 법이 '보건의료 자율회복법Restoring Americans' Healthcare Freedom Reconciliation Act of 2015'이다. 건강보험 적정부담법의 일부 조항을 폐기하여 건강보험에 있어 개인과 주의 선택지를 넓히고, 연방정부 재정지출을 줄이는 것이 법안의 골자였다.

보건의료 자율회복법의 내용은 크게 3가지이다. 첫째, 개인과 기업의 건강보험 의무구매 위반 시 부과되는 벌칙을 없애 사실상 구매 의무를 폐지하고, 건강보험 구매 여부를 개인의 선택에 맡긴다. 둘째, 메디케이드 확대조항을 무효화하고, 메디케이드 10가지 필수 보장항목Essential coverage을 없애 연방정부 개입을 줄이고 주의 자율성을 확대한다. 셋째, 건강보험 적정부담법으로 신설된 고가 건강보험 조세HCPT와 의료기기 소비세, 민간 건강보험사 연간 수수료Annual health insurer fee 등을 폐지하여 연방정부 재정지출을 줄인다.

오바마 대통령은 보건의료 자율회복법에 거부권을 행사하였다. 그는 건강보험 적정부담법 덕분에 1천 5백만 명 이상이 새롭게 건강보험을 얻었고, 보건의료 자율회복법은 건강보험제도의 중대한 발전을 되돌리는 것"Reverse the significant progress we have made in improving health care in America."이라고 주장하였다. 미국 헌법 제1조 제7항은 의회 의결 법안에 대통령이 거부권을 행사하는 경우 상하원은 재적인원 3분의 2 이상의 찬성으로 다시 가결해야 법률로 확정된다고 규정하고 있는데, 당시 공화당은 상하원에서 3분의 2에 달하는 의석을 차지하지는 못하였다. 재투표는 이루어지지 않았고, 법은 자동 폐기되었다.

오바마 대통령이 거부권을 행사한 2017년 1월 8일, 〈뉴욕 타임스〉는 건강보험 적정부담법의 성과와 한계를 평가하는 기사를 게재하였다. 〈뉴욕 타임스〉는 건강보험 적정부담법이 건강보험 접근성 제고에 기여하였음에도 불구하고, 많은 미국인들이 법이 경제적 부담을 늘리고, 개인의 자유에 침해를 가져온다고 여긴다"For many Americans, the health law is seen as costly, cumbersome and a government infringement on freedoms."고 언급하였다. 건강보험 대상자 확대, 연방정부 재정지출 증가, 건강보험료 변화 등을 둘러싸고 건강보험 적정부담법에 대한 긍정적·부정적 평가가 혼재되어 있음을 보여주는 기사였다.

(2) 트럼프 행정부와 건강보험 적정부담법ACA 폐지 움직임

2017년 1월 출범한 트럼프 행정부는 건강보험 적정부담법으로 인해 건강보험에 대한 연방정부 개입이 지나치게 커지고, 이용자 선택의 폭이 좁아졌다고 지적하였다. 트럼프 행정부가 건강보험 적정부담법폐기와 대안 입법 필요성을 주장하면서 의회에서도 대안 입법 움직임이 재개되었는데, 2017년 3월 하원에서 '미국 의료 법안 American Health Care Act of 2017, AHCA'이 발의되어 5월 의결되었다. 상원은 하원안을 바탕으로 '더 나은 의료 법안Better Care Reconciliation Act, BCRA'을 6월 발의하였다. 두 법안은 건강보험에 대한 개인과 주의 선택권을 넓히고, 연방정부 재정지출을 줄인다는 점이 같았다.

1) '미국 의료 법안AHCA'과 '더 나은 의료 법안BCRA'의 주요 내용
—

1-1) 개인과 주州에 대한 연방정부 개입 축소

'미국 의료 법안AHCA'과 '더 나은 의료 법안BCRA'은 건강보험 구매

의무조항 위반 시 부과되는 조세 벌칙을 0으로 한다. 벌칙이 사라지면 건강보험 구매의무를 위반해도 불이익이 없기 때문에 해당 조항은 실효성을 잃게 된다. 또한, 두 법안은 고가 건강보험 소비세HCPT 시행을 2025년까지 유예하고, 보험가입자 나이에 따른 건강보험료 차등 적용 범위를 3배에서 5배로 넓혔다. 다시 말하면, 상대적으로 나이가 많은 가입자에게 5배까지 높은 수준의 건강보험료를 부과할 수 있도록 한 것이다. 모두 개인과 민간 건강보험사의 선택지를 다양화하는 조치였다.

메디케이드 확대Medicaid expansion 조항 역시 사실상 폐지되었다. 메디케이드 확대조항을 채택한 주에 대해 추가적으로 제공되는 연방정부 매칭 예산을 2024년까지 완전히 삭감하여, 주정부의 참여 유인을 없앴기 때문이다. 기존 메디케이드 제도는 연방정부가 소요 재원의 약 50%를, 주정부가 나머지를 부담하는데, 메디케이드 확대조항을 채택하면 연방정부가 소요 재원의 대부분을 부담하게 된다. 이것은 주정부에게 메디케이드 확대조항을 시행할 유인이 되어왔다. 그러나 메디케이드 확대 시 기존 메디케이드 제도 보다 소요 재원이 많음에도 불구하고 법안으로 인해 연방정부의 추가 예산 지원이 없어진다면, 주정부는 메디케이드 확대를 시행할 재정적 유인이 사라진다.

메디케이드 운영에 있어 주의 자율성을 높이는 내용도 법안에 포함되었다. 건강보험 적정부담법은 메디케이드가 필수 보장항목 Essential coverage에 대한 보험 혜택을 반드시 제공하고, 근로 여부Work requirement로 메디케이드 이용자격을 결정할 수 없도록 정하고 있었다. 그러나 두 법안은 메디케이드 필수 보장항목 제공과 근로 여부에 따른 차별 금지를 폐지하였다. 이로써 주정부는 재량으로 건강보험 보장범위를 설정하고, 근로 여부를 메디케이드 자격 요건에 포함하는 것이 가능해졌다.

1-2) 건강보험제도 관련 연방정부 재정 지출 축소

'미국 의료 법안AHCA'과 '더 나은 의료 법안BCRA'은 건강보험 적정부담법ACA에 신설된 의료기기 기업·제약사에 대한 조세를 폐지하고, 고가 건강보험 소비세HCPT의 시행을 2025년으로 연기하였다. 민간 건강보험사가 의무적으로 납부해야 하는 연간 수수료 역시 폐지되고, 건강보험 구매 플랫폼 이용자에 대한 건강보험료 구매보조금 Insurance premium subsidy 예산도 줄었다.

또한, 2025년까지 연간 메디케이드 지출 증가율을 물가인상률에 1%p를 더한 수준GDP+1%p으로 통제하고, 이후에는 연간 메디케이드 지출 증가율이 물가인상률과 연동되도록 하였다. 이것은 메디케이드 지출 속도가 물가 인상 속도보다 빨라지지 않도록 제한하는 조치였다.

2) 의회 예산정책처CBO 분석
—

미 의회 예산정책처는 상원의 '더 나은 의료 법안BCRA' 시행 시 건강보험 이용자 수와 연방정부 재정에 대한 영향2017년~2026년을 분석하였다.

그 결과, 상원안은 건강보험 적정부담법에 비해 건강보험이 없는 사람 수를 증가시켜 건강보험 접근성이 낮아질 것으로 예측되었다. 더 나은 의료 법안이 시행되면 건강보험 적정부담법을 유지할 때보다 건강보험이 없는 사람이 2018년 1천 5백만 명, 2022년 2천 2백만 명, 2026년 2천 1백만 명 더 많을 것으로 추계되었다.

반면, 더 나은 의료 법안이 시행되면 건강보험 적정부담법 유지 시보다 연방정부 재정적자는 3,210억 달러 감소할 것으로 예측되었다. 건강보험 적정부담법에 따라 신설된 조세 등이 폐지되면서 연방정부 수입은 7,010억 달러 줄어들지만, 메디케이드 지출 절감과 건강보험 구매보조금 축소 등으로 연방정부 지출도 1조 220억 달러 절감되기 때문이다. 연방정부 지출 절감액 중 70% 이상은 메디케이드 지출 절감액이 차지했다.

3) 대안 입법 실패와 건강보험 적정부담법ACA 존속
—

2017년 공화당은 상원 52석, 하원 241석으로 양원에서 과반 이상을 차지하고 있었다. 트럼프 행정부가 출범하면서 건강보험 적정부담법 폐지 법안을 행정부가 거부할 가능성도 낮아졌다. 그럼에도 불구하고, 건강보험 적정부담법 폐지와 대안 입법은 성공하지 못했다.

3-1) 하원 '미국 의료 법안AHCA' 의결
2017년 3월 6일 하원에서 '미국 의료 법안AHCA'이 발의되자, 하원 공화당 의원들 사이에서 법안을 둘러싼 견해차가 첨예하였다. 공화당 내 '하원 자유 연합House Freedom Caucus'은 연방정부 재정지출을 더욱 축소하는 법안을 요구하였고, 보다 온건한 입장인 '화요일 그룹 연합Tuesday Group'과 대립하였다. 연방정부 재정지출 축소 폭을 둘러싸고 두 연합 간의 협상 과정에서 3월 20일, 3월 24일, 4월 13일, 5월 3일 수차례에 걸쳐 법안이 수정되고, 5월 4일에야 하원안이 의결되었다. 수정을 거치면서 공화당 내 이탈표가 늘어나 최종적으로 하원 공화당 의원 241인 중 20인 이상 이탈하여 217인이 찬성하였다.

3-2) 상원 '더 나은 의료 법안BCRA' 부결

2017년 6월 22일 상원은 하원안을 바탕으로 '더 나은 의료 법안 BCRA'을 발의하였다. 그런데 연방정부 재정지출을 줄이고 주의 선택권을 강화하려는 법안 취지에는 공감대가 있었으나, 메디케이드 지출 절감 규모 등에 있어서 이견이 컸다. 의원 간 타협을 거쳐 '더 나은 의료법안 수정안BCRA revised bill'이 만들어졌는데, 2017년부터 2026년까지 연방정부 재정적자 축소 폭을 당초 3,210억 달러에서 4,200억 달러로 늘리는 등 타협점을 찾기 위한 많은 노력을 기울였으나 법안은 결국 상원을 통과하지 못했다. 수정안에 더 큰 폭의 메디케이드 지출 절감안을 담을 것을 요구하는 의원들 목소리를 충족하지 못한 것이 주요인이었다.

3-3) 상원 '건강보험 자유법안HCFA' 부결

더 나은 의료 법안BCRA의 상원 통과가 불투명해지자 건강보험 적정부담법ACA상의 건강보험 구매의무조항The individual mandate만 폐지하는 '건강보험 자유법안Health Care Freedom Act, HCFA'이 제안되었다. 메디케이드 지출 축소 폭을 둘러싸고메디케이드 지출 축소 폭을 둘러싸고 상원 내 이견이 좁혀지지 않자, 범위를 좁혀 법 통과 가능성을 높이려는 전략이었다. '스키니 폐지 법안Skinny repeal'이라고 불렸다.

2017년 7월 28일 '건강보험 자유법안HCFA'은 상원에서 찬성 49표, 반대 51표로 부결되었다. 애리조나주의 존 매케인John McCain, 메인주의 수잔 콜린스Susan Collins, 알래스카주의 리사 머코브스키Lisa Murkowski 공화당 의원이 반대표를 던졌다. 이로써 2017년 봄부터 추진된 건강보험 적정부담법 폐지 입법은 실패로 끝났다.

〈표40. 공화당 존 매케인 상원의원의 반대표〉

2017년 건강보험 자유법안HCFA 부결 당시 공화당 존 매케인John McCain 상원의원의 반대표가 화제였다. 매케인 의원은 2008년 공화당 대선후보로서 민주당 오바마 후보와 건강보험 개혁 방향에 대해 대립하기도 했고, 건강보험 적정부담법ACA에 대해서도 비판적이었다. 그럼에도 불구하고 그는 건강보험 자유법안을 반대하였는데, 건강보험 적정부담법 폐지에는 동의하지만, 특정 조항만 부분적으로 무효화하는 방식은 올바른 입법이 아니라는 이유에서였다.

매케인 상원의원은 건강보험 적정부담법으로 인해 애리조나주에서

건강보험료가 상승하고 의료제공자가 연방정부 등이 만든 규제에
얽매여 있다고 지적하면서, 보다 경쟁적이고 건강보험료 수준이 낮은
건강보험체계를 만들어야 한다고 주장하였다. 이를 위해서는 건강보험
적정부담법 전부를 폐지하고, 미국 건강보험체계 전반을 개선하는
대체입법이 필요하다고 보았다.

　동시에, 그는 건강보험 자유법안의 입법과정상 문제도 지적하였다.
2009년 건강보험 적정부담법이 공화당의 찬성표 없이 입법되어 이후
많은 저항에 부딪혔는데, 매케인 의원은 건강보험 자유법안 역시
일반적인 의회 위원회 청문 절차 등도 거치지 않고 민주당 찬성표 없이
의결한 것에 대해 우려를 표하기도 했다. 법안 부결 이후, 당시 오바마
전 대통령은 매케인 상원의원에게 감사 의사를 전했다고 알려졌다.

(3) 헌법의 역설과 건강보험 적정부담법ACA의 존속

　건강보험 적정부담법은 미국 헌법의 분절된 의사결정 구조하에서
수많은 거부점을 거치고 이견들을 조율하며 2010년 어렵게 입법되었
다. 민주당은 하원에서 과반인 257석을 차지하고 있었으나, 연방정부
재정지출에 민감한 블루독 민주당 연합Blue Dog Democrats 의원들이 이
탈하여 결국 근소한 차이로 의결에 성공했다. 상원에서는 법안 통과
여부를 결정지을 수 있는 코네티컷주 조 리버만Joe Lieberman, 버몬트
주 버니 샌더스Burnie Sanders, 네브래스카주 벤 넬슨Ben Nelson 상원의
원의 찬성표를 얻기 위해 일부 주에 예외적인 혜택을 제공해야 했다.

2017년 하원 '미국 의료법안AHCA', 상원 '더 나은 의료 법안BCRA', '건강보험 자유법안HCFA'이 마주한 상황 역시 2010년과 유사했다. 하원에서는 연방정부 재정지출 폭을 둘러싸고 다수의 공화당 의원들이 이탈하였다. 상원에서는 모두 합쳐 인구 천만 명이 되지 않는 애리조나주 존 매케인John McCain, 메인주 수잔 콜린스Susan Collins, 알래스카주 리사 머코브스키Lisa Murkowski 의원이 법안의 운명을 결정했다.

결국, 건강보험 적정부담법 입법을 어렵게 한 미국 헌법이 역설적으로 건강보험 적정부담법 폐지 또한 어렵게 했고, 건강보험 적정부담법은 법률로서 유지될 수 있었다.

4 단기 건강보험 확산과 건강보험체계의 분절성 심화

(1) 단기 건강보험
Short-Term, Limited Duration Insurance, STLDI

단기 건강보험STLDI은 한정된 보장항목에 대해 한시적으로 보험을 제공하는 상품이다. 건강보험 적정부담법ACA은 필수 보장항목 보장, 기저질환자 가입 거부 금지 등을 규정하지만, 예외적으로 단기 건강보험은 이러한 규제를 적용받지 않는다.

단기 건강보험은 3가지 특징이 있다. 첫째, 기저질환자를 보험 가입에서 배제할 수 있다. 둘째, 필수 보장항목을 보장하지 않는 것이 허용된다. 이 때문에 많은 유형의 의료가 단기 건강보험 보장 대상에서 제외된다. 2018년 카이저 재단Kaiser Family Foundation 조사에 따르면, 절반 이상의 단기 건강보험이 외래 처방약, 산부인과 질환, 약물 중독을 보장하지 않았다. 마지막으로, 단기 건강보험은 보장 금액에 상한을 설정해, 보장 가능한 총금액을 특정 수준 이하로 정하고 이 수준을 넘는 치료비 등은 지급하지 않는 것이 가능하다.

단기 건강보험STLD은 보장범위가 좁은 대신 건강보험료가 저렴한 이점이 있다. 건강보험 적정부담법은 단기 건강보험 이용 기간을 최대 3개월로 한정하여, 예외적인 상황에서 한시적으로만 이용을 허용하였다.

(2) 트럼프 행정부의 단기 건강보험 확대

트럼프 행정부는 '건강보험 자유법안HCFA'이 상원에서 부결된 후, 2017년 10월 '건강보험 선택권과 경쟁 촉진을 위한 행정명령 Promoting Healthcare Choice and Competition Across the United States'을 시행하였다. 주요 내용은 단기 건강보험 이용 가능 기간을 36개월로 연장하는 것이었다. 이전에는 가입 기간이 짧아 일반 건강보험상품을 보충하는 기능에 머물렀는데, 행정명령으로 인해 단기 건강보험이 건강보험 적정부담법에 따른 일반 건강보험상품과 경쟁하는 위치를 점하게 되었다.

단기 건강보험 확대의 목적은 크게 2가지이다. 첫째, 다양성과 소비자 선택권 증진이다. 트럼프 행정부는 건강보험 적정부담법 규제로 인해 시장에서 민간 건강보험상품의 다양성이 감소한다고 판단하고, 규제가 적용되지 않는 새로운 단기 건강보험상품을 넓게 허용하였다. 둘째, 민간 건강보험료 상승 억제이다. 미국 보건복지부에 따르면 2017년에만 시장에서 건강보험료가 21% 상승하였는데, 트럼프 행정부는 건강보험 적정부담법이 건강보험료 상승의 원인이라고 보았다. 단기 건강보험은 대체로 보장범위가 좁은 대신 보험료가 저렴하기 때문에, 트럼프 행정부는 이를 통해 건강보험료 상승 경향을 안정시키고자 하였다. 행정명령 시행 직후, 카이저 재단의 2018년 조사에 따르면 건강보험 적정부담법에 따른 건강보험에 비해 단기 건강보험은 보험료가 20% 이상 낮은 것으로 나타났다.

(3) 단기 건강보험과 역선택 가능성

트럼프 행정부가 목표한 바와 같이, 단기 건강보험STLDI은 건강보험상품에 대한 소비자 선택폭을 넓혔다. 보장성이 낮더라도 건강보험료가 저렴한 보험상품을 선호하는 사람들이 있고, 단기 건강보험은 이러한 수요에 대해 선택지가 되었다.

선택지가 늘어난 것과 동시에 역선택 가능성도 커졌다. 미국 재무부에 따르면, 서비스 이용이 적은 건강한 사람은 보장범위가 좁더라도 가격이 저렴한 단기 건강보험을 구입하는 것이 유리하다. 반면, 질병이 있거나 의료 이용 가능성이 높은 사람은 보장범위가 넓고 기저질환자를 차별하지 않는, 건강보험 적정부담법 규제를 준수하는 건강보험이 필요하다. 이러한 이용행태가 계속되면 일반적인 건강보험은 손해율이 높아지기 때문에 이를 보전하기 위해 보험료를 올려야 하고, 보험료가 오르면 상대적으로 더 건강한 사람들은 단기 건강보험 이용의 유인이 더 커진다. 결과적으로 단기 건강보험STLDI과 건강보험 적정부담법ACA에 따른 건강보험 간에 이용자가 나뉘고, 건강보험체계는 더욱 분절화된다.

〈표41. 건강보험체계의 분절과 미국의 정체성〉

미국 건강보험의 변화는 진공 속에서 일어나지 않았다. 헌법 안에 깃든 연방정부와 주, 개인에 대한 생각이 씨줄 날줄로 엮여 건강보험제도를 만들었다.

모자이크처럼 분절화된 미국 건강보험제도는 미국의 정체성을 보여주는 사례이기도 하다. 미국의 정체성 중 하나는 '단일'이 아닌 '집합체'로서 국가라는 점이다. 국가명도 'America'가 아닌, 'The United States of America'이다.

• '11개 국가'로 이루어진 집합체로서의 미국

'집합체'로서 미국을 설명하는 흥미로운 주장이 있다. 콜린 우드워드Colin Woodward는 미국을 양키덤Yankeedom, 딥사우스The Deep South, 그레이터 애팔래치아Greater Appalachia, 미들랜드The Midlands 등 11개 지역으로 구분하고, 이들이 인종적 기원, 문화, 역사적 경험이 상이한 이질적 국가nation라고 설명한다. 각각은 개인주의, 이상적 사회 개혁, 계층 사회, 인종·종교적 다원주의 등 서로 다른 가치를 추구하고, 이러한 특성이 현대에까지 각 지역의 정체성으로 이어졌다고 우드워드는 설명한다.

예를 들어, '양키돔Yankeedom'은 영국에서 종교적 이상향을
추구하는 칼뱅주의자들이 미대륙에 건너와 만든 지역이다. 펜실베
이니아 · 오하이오 · 일리노이 · 아이오와 · 위스콘신 · 미네소타주가
해당된다. 양키돔 지역은 공공정책을 통한 사회 개혁Social Reform이
이루어질 수 있다고 믿는 경향이 강하며, 연방정부에 대한 신뢰도가
높다. 뉴욕시 인근을 아우르는 뉴 네덜란드New Netherland 역시
유사하다. 17세기 네덜란드 이주민들이 주축이 되어 형성된 이곳은
자유 무역과 상업을 중시하고 이민자에 관대하다.

이와 상반되는 지역이 텍사스 · 사우스캐롤라이나 · 조지아 ·
미시시피 · 플로리다주를 포함하는 '딥사우스The Deep South'이다.
우드워드는 과거 노예 지주 중심으로 형성된 이 지역이 계층 사회
특성이 강하고 주의 독자성을 중시한다고 설명한다. 연방의 주도권을
둘러싸고 양키돔과 오랫동안 경쟁했으며, 그 과정에서 남북전쟁을
치르기도 하였다.

그레이터 애팔래치아Greater Appalachia 지역은 양키돔, 딥사우스
지역 모두와 대비된다. 인디애나 · 아칸소 · 미주리주를 포괄하는
이곳은 영국 북부에서 이주한 아일랜드인이 중심이며, 개인 자유와
독자성을 중시한다. 양키돔의 사회 개혁과 딥사우스의 계층 사회적
성향 모두에 반감이 크다. 연방정부 개입에도 호의적이지 않다.
흥미로운 점은 그레이터 애팔래치아가 전사문화warrior ethic 전통이
강하다는 점이다. 형성 초기부터 크고 작은 전쟁과 소요를 겪은
것이 그 역사적 배경인데, 이는 현대에도 이어져 1990년대 이라크,
2000년대 아프가니스 전쟁 당시 자원 입대자의 상당수도 그레이터
애팔래치아 출신이었다.

네브래스카, 캔자스, 사우스다코타주가 속하는 미들랜드The Midlands 지역 역시 양키돔과 딥사우스와 다르다. 영국 왕정을 거부하고 대서양을 건너온 퀘이커 교도들이 주축이 되어, 연방정부 개입에 회의적이다. 앵글로색슨이 주류인 동부 연안 지역과 달리 독일계가 주축이다. 언론의 자유, 낙태 등 사회 이슈를 둘러싼 양키돔과 딥사우스 간 이견이 있을 때 스윙보터로 역할을 하는 경우가 많다.

각 지역은 헌법을 바라보는 시각도 달랐다. 연방 의회를 단원제가 아닌 상하원 양원제로 운영할지, 직접 투표와 주에 의한 간접 투표 중 어떤 방식으로 대통령을 선출할 것인지 등 많은 이슈를 둘러싸고 논쟁했으며, 그 타협의 결과가 지금의 헌법이다. 헌법 제정 이후에도, 영국과의 독립전쟁으로 생긴 전시 부채 상환과 퇴역군인 보수 부담 방안, 노예제 존속 여부를 둘러싸고 대립했다.

• 70차례의 위헌소송과 미국의 정체성에 대한 질문
'전 국민 건강보험을 도입하는 것이 적절한가.'에 대한 질문 역시 그 대립의 연장선상에 있다. 단순히 제도를 시행하고 법을 제정하는 의미 이상이었다. 한 세기 가까운 시간 동안 이어진 미국의 정체성에 대한 논쟁이었다.

2012년 이후에도 건강보험 적정부담법은 70여 차례에 걸친 위헌 소송을 겪었다. 2018년에는 텍사스주를 비롯한 20개 주가 공동으로 소를 제기하기도 하였다. 아칸소, 플로리다, 인디애나, 미시시피, 사우스캐롤라이나 등 딥사우스와 그레이터 애팔래치아에 속한 주가 대부분이었다. 위헌 소송들의 법리적 쟁점은 다양했지만, 그 본질은 미국의 정체성에 부합하는 건강보험제도는 무엇인가를 둘러싼 다툼이었다.

'집합체'로서 미국의 정체성은 건국 초기로 거슬러 올라가 역사적 뿌리가 깊다. 헌법은 그 정체성의 반영물이며, 헌법의 틀 안에서 만들어진 건강보험제도 역시 그로부터 자유롭지 않다. 앞으로도 건강보험 적정부담법은 헌법과 '11개 국가'의 시험대에 끊임없이 오를 것으로 보인다.

참고문헌

1. 국내문헌: 단행본

임재주. 2013. 『국회에서 바라본 미국의회』. 한울아카데미

양자오. 2015. 『미국 헌법을 읽다』. 유유

Nigel Bowels, Robert K. McMahon. 2018. 『미국정치와 정부』. 명인문화사

김봉중. 2019. 『미국을 움직이는 네 가지 힘』. 위즈덤하우스

폴 존슨. 2016. 『미국인의 역사 1』. 살림출판사

폴 존슨. 2016. 『미국인의 역사 2』. 살림출판사

앙드레 모로아. 2015. 『미국사』. 김영사

알베르토 알레시나, 에드워드 글레이저. 2004. 『복지국가의 정치학』. 생각의힘

조쉬 H. 내쉬. 2023. 『1945년 이후 미국 보수주의의 지적 운동』. 회화나무

낸시 아이젠버스. 2019. 『알려지지 않은 미국 400년 계급사』. 살림출판사

도널드 트럼프. 2015. 『불구가 된 미국』. 이레미디어

조 바이든. 2020. 『지켜야 할 약속』. 김영사

아툴 가완디. 2018. 『어떻게 일할 것인가(A Surgeon's note on performance)』. 웅진지식
하우스

2. 국내문헌: 논문

손병권. 2004. 「'연방주의자 논고'에 나타난 매디슨의 새로운 미국 국가: 광대한 공
화국」. 국제 · 지역연구 13권

서경화, 정유민, 김민지, 이선희. 2014. 「미국의 책임의료조직 운영현황 분석과 국내
의료정책에서 정책적 함의 평가」. 보건행정학회지 2014;24

3. 외국문헌: 단행본

Whipple, C. (2017). *The Gatekeepers, how the white house chief of staff define every presidency.* Crown

Gordon, R. J. (2016). *The rise and fall of American growth.* Princeton University Press.

Shi, L., Singh, D. (2018). *Essential of the U.S. health care system.* Jones and Bartlett Learning

Weir, M., Orloff, A., & Skocpol, T. (1988). *The Politics of Social Policy in the United States.* Princeton University Press.

Barr, D. A. (2008). *Health disparities in the United States : social class, race, ethnicity.* Johns Hopkins University Press.

Clinton, W. J. (2011). *Back to work.* Alfred A. Knopf.

Emanuel, E. J., Gluck, A. R. (2020). *The trillion dollar revolution.* PublicAffairs.

Jacobs, L. R., Skocpol, T. (2016). *Health care reform and American politics.* Oxford University Press.

Woodward. C. (2022). *American Nations : A History of the eleven rival regional cultures of North America.* Penguin Publishing Group.

Cohn, J. (2021). *The ten year war.* St. Martin's Press.

Emanuel, E. J. (2017). *Prescription for the future.* PublicAffairs.
_____. (2014). *Reinventing American health care.* PublicAffairs.

Hacker, J. S. (2002). *The divided welfare state.* Cambridge University Press.

Fukuyama, F. (2011). *The origins of political order.* Farrar Straus Giroux.

_____. (2014). *Political order and political decay.* Farrar Straus Giroux.

Cramer, R. B. (1993). *What it takes.* Vintage Books.

Dallek, R. (2007). *Nixon and Kissinger.* HarperCollins.

Ellis, J. J. (2000). *Founding Brothers: Revolutionary generation.* Vintage Books.

4. 외국문헌: 논문, 보고서, 언론 기사 등

Myers, R. J. (2000). Why Medicare part A and part B, as well as Medicaid?. *Health Care Financing Review. 2000 Fall; 22(1): 53-54*

Murray, C., Phil, D., & Frenk, J. (2010). Ranking 37th – measuring the performance of the U.S. health care system. *The New England Journal of Medicine. 2010; 362:98-99*

Furrow, B. R. (2011). Health reform and Ted Kennedy: The art of politics and persistence. *New York University Journal of Legislation and Public Policy vol. 14, pp. 445-476, 2011*

Oberlander, J. (2007). Learning from failure in health care reform. *The New England Journal of Medicine. 2007; 357:1677-1679*

Martin, A., Hartman, M., Washington. B., & Catlin, A. (2017). National health spending: faster growth in 2015 as coverage expands and utilization increases. *Health Affairs. January 36, No. 1(2017):166-176*

Himmelstein, D. U. (2014). A comparison of hospital administrative costs in eight nations : U.S costs exceed all others by far. *Health Affairs. September 33, (2014):1586-1594*

Schremmer, R., Knapp, J. F. (2011). Harry Truman and health care reform: The debate started here. *PEDIATRICS. 2011 Mar;127(3):399-401*

Moore, J. D., Smith, D. G. (2005). Legislating Medicaid: Considering Medicaid and its origins. Health Care Financing Review. 2005 *Winter;27(2):45-52*

Rho, H. J., Schmitt, J. (2010). Health-insurance coverage rates for US workers, 1979-2008. *Working paper, Center for Economic and Policy Research. http:// www.cepr.net*

Congressional Budget Office. (2017). Estimate of direct spending and revenue effects of H.R. 1628, the Healthcare Freedom Act of 2017, an Amendment in the nature of a substitute. *Working paper, Congressional Budget Office. http:// www.cbo.gov*

Elmendorf, D. W. (2009). The direct spending and revenue effects of the Patient Protection and Affordable Care Act. *Working paper, Congressional Budget Office.* http://www.cbo.gov

Barnett, J., Vornovisky, M. S. (2016). Health insurance coverage in the United States; 2015, U.S Department of commerce, Economic and statistics administration. *Working paper, United States Census Bureau.* http://www. census.gov

Bennefield, R. L. (1996). Current population reports, health insurance coverage: 1995. *Working paper, United States Census Bureau.* http://www. census.gov

Delfino, S., Larson, A., Haines, D. & Adler, R. J. (2023). World-class innovation, but at what costs? A brief examination of the American healthcare system. *Cureus. 2023 June;15(6):e39922*

Cox, C., Long, M., & Semanskee, A. (2016). 2017 premium changes and insurer participation in the Affordable Care Act's Health insurance exchanges. *Working paper, The Kaiser Family Foundation.* http://www.kff.org

Snyder, L., Young, K., Rudowitz, R., & Garfield, R. (2016). Medicaid expansion spending and enrollment in context; An early look at CMS claims data for 2014. *Working paper, The Kaiser Family Foundation.* http://www.kff.org

Musumeci, M. (2021). Medicaid work requirements at the U.S. Supreme Court. *Working paper, The Kaiser Family Foundation.* http://www.kff.org

Kurani, N., Jared, O., Wager, E., Fox, L., & Amin, K. (2022). How has U.S. spending on healthcare changed over time?. *Working paper, The Kaiser Family Foundation.* http://www.kff.org

Tolvert, J., Orgera, K. (2020). Key facts about the uninsured population. *Working paper, The Kaiser Family Foundation.* http://www.kff.org

Claxton, G., Levitt, L. (2015). How many employers could be affected by the Cadillac Plan tax?. *Working paper, The Kaiser Family Foundation.* http://www.kff.org

Pollitz, K., Long, M., Semanskee, A., & Kamal, R. (2018). Understanding short-term limited duration health insurance. *Working paper, The Kaiser Family Foundation.* http://www.kff.org

Snyder, L., Young, K., Rudowitz, R., & Garfield, R. (2016). Medicaid expansion spending and enrollment in context: An early look at CMS claims data for 2014. *Working paper, The Kaiser Family Foundation.* http://www.kff.org

Center for Medicare and Medicaid Services. (2018, August 1). HHS new release: Trump administration delivers on promise of more affordable health insurance options. http://www.cms.gov.

Gallup. (2019, April 2). The great disconnection between perceptions and realities of the U.S. healthcare system. http://www.gallup.com

McMaken, R. (2015, October 30). 'Social expenditures' in the U.S. are higher than all other OECD countries, except France. http://www.mises.org

Kidd, L. (2015). The Nixon comprehensive health insurance plan. Working paper, http://www.nixonfoundation.org.

_____. (2009). Nixon's plan for health reform, in his own words. Working paper, http://www.nixonfoundation.org.

Tolchin, M. (1979, June 13). Carter and Kennedy press rival efforts on health program. *The New York Times*. http://www.nytimes.com

Ball, M. (2020, May 6). How Nancy Pelosi saved the Affordable Care Act. *Time Magazine*. http://www.time.com

Kessler, G. (2018, November 21). The recurring GOP myth about John McCain's 'no' on Obamacare repeal. *The Washington Post*. http://www.washingtonpost.com

Bendavid, N. (2009, July 27). 'Blue Dog' Democrats hold health-care overhaul at Bay. The *Wall Street Journal*. http://www.wsj.com

Purdum, T. (2013, February, 10). Obama's price of victory. *The Politico*. http://www.politico.com

Roubein, R. (2023, June 15). Nearly 6 in 10 Americans report problems with their health coverage. *The Washington Post*. http://www.washingtonpost.com

Abelson, R. (2009, September 17). Harvard medical study links lack of insurance to 45,000 U.S. death a year. *The New York Times.* http://www.nytimes.com

Provost, C., Hughes, P. (2000). Medicaid: 35 years of service. *Health Care Financing Reiview. 2000 Fall;22(1):141-174*

Cutler, M. D. (2018). Reducing health care cost: Decreasing administrative spending. *Working paper, Testimony for Senate Committee on Health, Education, Labor and Pensions Hearing.* http://www.help.senate.gov

Blumenthal, D. (2006). Employer-sponsored health insurance in the United States - Origins and implications. *The New England Journal of Medicine. 2006; 355:82-88*